空あかり

山一證券〝しんがり〟百人の言葉

支店長になるまで、山一以外の社章は着けない
お客さんは命の恩人
The best is yet to be（最上のものは、なお後に来たる）
ゴマすり人間にだけはなるな
逆境は全ての生物の進歩と発想の源となる
人生は深く考えても仕方ない
打たれても打たれても杭を伸ばすん
粗にして野なれど卑にあらず
何もしないのもリスクではないか
自分は運のいい人間だと言い聞かせてきた
お天道様に堂々と顔向けできる仕事をしよう

Kiyotake Hidetoshi

清武英利

講談社

一人の人間によって語られるできごとはその人の運命ですが、大勢の人によって語られることはすでに歴史です。

スベトラーナ・アレクシエービッチ

はじめに

「この新聞には悲しいニュースは一行もありません」と謳《うた》って、『幸せの新聞』というものを作っていたことがある。人生はいろいろだし、喜怒哀楽という言葉もあるのに、もっぱら新聞社の社会部で「怒」と「哀」の事件記事を二五年間も書いて過ごしていた。二〇〇一年に東京の束縛から離れ、中部本社の社会部長に異動したのを機に、せめて週に一度、怒ったり悲しんだりすることなく、「喜」と「楽」のニュースで新聞の一ページを埋めてみたい、と思い立ったのだ。

考えつく限りの再起物語や幸せな記憶、成長物語を部員とともに集めた。毎週土曜日に、新聞の第三社会面にあたるページに、『幸せの新聞』の題字を据え、全段を使って、『明日がある』という逆転物語や、『心に届いた手紙』という手紙をめぐるエピソード集を掲載した。ヘッセやトルストイ、坂口安吾らの名言から、神社仏閣の金言、お言葉までちりばめて、私自身も、『今日も悲しい事件がなくてよかった』という記者物語を連載した。

そのときに知ったことは、人間は前向きに作られているということである。会社がつぶれたり、大事な人を失ったりしても、やはり人は起き上がらざるを得ない。嘆きや悲しみの底にある人でも、時を待ち、起き上がるところを捉えれば、辛いことの中に希望の光が見いだせるのではないか。

そんな考え方に立ち戻って、ここに一〇二人の言葉を集めてみた。いずれも、旧山一證券の社員たちの再起を支えた言葉である。その多くは、一九九七年一一月、突然、新聞報道で会社の破綻を知らされ、失職した人々だ。会社崩壊の前に、山一首脳部に抵抗したり、働くことに虚《むな》しさを感じたりして辞めた社員たちもその中に含まれているが、一から人生を出直したことに変わりはない。大企業社員という幸運が尽きた後、彼らは何を支えに、その後の人生をどう生きているのか。

冒頭に掲げたのは、ベラルーシのノーベル賞作家・スベトラーナ・アレクシエービッチの言葉である。

〈大勢の人によって語られることはすでに歴史です〉（『チェルノブイリの祈り』岩波現代文庫）という彼女の言葉を借りるなら、一〇二人の元山一社員と家族によって語られることは、日本企業とサラリーマンの歴史に他ならない。

経営破綻から二〇年を迎えたのを機に、彼らの再起の物語を紹介しよう。人間というものは不条理な世界にあっても、窓の外に明けていく空あかりを頼りに生きていく。その光と人間の秘めた力を信じてもらえるだろう。

モトヤマのその後

山一證券

↓

第一次再就職

証券会社・団体
- メリルリンチ日本証券（1606人）
- 東海丸万証券（100人）
- ユニバーサル証券（91人）
- 日興證券（80人）
- 大和証券（52人）
- 日本証券業協会

など

銀行
- 住友銀行（81人）
- さくら銀行（46人）
- 日本長期信用銀行（長銀）

など

保険会社

異業種
- メーカー
- 放送業界
- 不動産
- 役者・脚本家
- 出版社
- 通信会社
- CA
- 医療関連
- 食品業界
- 商工ローン

など

起業
- M&A会社
- 人材紹介会社
- 飲食店経営
- 造園業

など

再就職なし

↓

第二次再就職以降

- 医師
- 公務員（SESC検査官、警官など）
- 新聞記者
- ベンチャー企業
- 会社経営
- キャスター
- 証券会社（外資含む）
- 銀行
- 生命保険会社
- プライベートバンカー
- フィナンシャルプランナー
- 闘病・介護・その他

空あかり———目次

はじめに 2
モトヤマのその後 4
第一章 明日がある 13
第二章 我が道を行く 51
第三章 「しんがり」は生きる 79
第四章 背負って生きるということ 103
第五章 仲間のぬくもり 121
第六章 闘っているか 141
第七章 自分に区切りをつけに来た 161
第八章 逆境をバネに 183

第九章　元社員のプラットホーム　203
第一〇章　女の反骨　215
第一一章　人生を生き直す　229
第一二章　他人と違う喜び　255
第一三章　明日のための記憶がある　271
第一四章　負けるもんか　287
第一五章　家族がいるから　297
索引　324
あとがき　332

装幀：鈴木正道（Suzuki Design）

空あかり

——山一證券〝しんがり〟百人の言葉

山一證券の社員数は七四九一人（男性四五九六人、女性二八九五人）。これは自主廃業宣言から三八日過ぎた一九九八年一月一日の数だが、元山一人事部幹部によると、破綻時から数十人減った程度だという。

山一では支店や部門閉鎖に合わせ、九八年一月末に一九九〇人、二月末に二三四五人を削減しながら清算作業を進め、同三月末に最後の四〇支店を閉鎖して全社員解雇とした。そのうえで、約二〇〇人の社員を臨時に雇用して清算作業を一年半以上も続けている。

この社員のうち、約四分の三にあたる五六〇八人（男性社員の七四・四％、女性社員の七五・四％）が一九九八年一〇月末までに再就職を決めた。残りの多くも失業保険が切れる前には転職先を決め、「九割以上が再就職できた」と元人事部幹部は評価している。

その理由として、①山一が四大証券のひとつで、社員が優秀と判断されていた②山一が退場した市場に、メリルリンチなどの外資が日本進出した③まだ平成不況の入り口であった④社長の野澤正平が自主廃業の際に、「社員は悪くありませんから」と号泣し、それが話題を集めた——ことなどが挙げられる。

ただし、山一社員たちの人生はそこで終わらなかった。新たなリストラなどに直面して転職を繰り返す者が続出したからである。

なお、「山一グループ社員一万人」という表現が用いられるが、これは山一證券投資信託委託や山一情報システムなど関連会社一一社の社員二五五八人（一九九七年三月末現在）を、本体の山一社員に加えているからである。

合わせた山一グループ社員は一万四九人。その家族を含めると、実に約三万人の人々が破綻から再起しなければならなかった。

※本文中人名のカッコ内は山一證券における最後の職場、及び元山一社員の現在の職場。すでに第一線を退いている場合は、最後の転職先か、代表的な職場を記した。

第一章　明日がある

きばりやんせ

菊野晋次《しんじ》（清算業務センター長→勧角証券顧問）

南薩地方の伝統校である鹿児島県立加世田高校には、いつも浜風が吹いている。その風は東シナ海から、日本三大砂丘の一つである吹上浜《ふきあげはま》に吹き寄せ、白砂を巻いて高台の加世田高校にせり上がる。

その風に乗った校内放送が、広いグラウンドに響いていた。

〈図書室のオススメコーナーに一冊の本が紹介されています。それは、『しんがり　山一證券　最後の12人』です。いまから二〇年前、突如破綻に追い込まれた会社が舞台です。一二人の社員が真相を明らかにする姿が描かれています。

実は、その一人が昭和三二年卒業生の菊野晋次さんです。菊野さんは当時、突然の破綻に悩む社員のケアに当たりました。冗談を交えながら「何でも話してください。菊野（聞くの）ですから」といい、社員の相談を受けていました〉

原稿を読んでいるのは、放送部の三年生部員、楠田琴未《ことみ》である。すっと息を呑み、努めて歯切れよく続けた。

〈親身になって人と向き合う菊野さん。それは、高校を卒業して家族や友人と離れたことがきっかけです。菊野さんは、「みんなと離れて一人になったとき、人の大切さ、繋がりの深さに気付かされました。だからこそ、社員は家族だと思っています」と話してくれました〉

この校内放送の後には、「ＮＨＫ杯全国高校放送コンテスト」が待っている。最後まで間違えないように、そして元気よく締めた。

〈卒業生が描かれた一冊『しんがり　山一證券　最後の12人』は、図書室にて絶賛貸し出し中です！〉


話は少しさかのぼる。一七歳の楠田琴未が、横浜に住む菊野の前に現れたのは二〇一七年三月のことである。母親の尚美と一緒だった。尚美も加世田高校の卒業生で、菊野が帰省して加世田高校ＯＢ会に出席したところ、尚美からこんな相談を受けていた。

「娘の琴未が『しんがり』を読んで、大先輩の菊野さんにぜひインタビューをしたい、と言っているんですよ。ＮＨＫ杯コンテストを目指しています。そのうちに上京しますから、先輩、お願いします」

楠田親子は翌年に控えた東京の大学受験の下見を兼ねていたが、その言葉だけでなく本当に上京してきたことに菊野は驚いてしまった。そして嬉しくなった。六一歳も年下の後輩に二時間近くもインタビューされるなんて。

それをもとに作ったのが、校内放送のあの原稿だった。

琴未は何度も文章を練り直し、自宅で読み上げの練習を繰り返した。しまいに尚美は声をかけた。

「もういいよ」

「お母さん、『もういいよ』はないんだよ」

娘から叱られて、尚美は思った。こんなに粘り強く頑張れる子だったのか。母娘の様子を見守っている祖母も、読み上げ原稿の内容を一緒に考えてくれた。親子三代で菊野と山一證券のことを想った。

菊野は、鹿児島県加世田市（現・南さつま市）出身の薩摩隼人《はやと》で、『しんがり』で取り上げた一二人の中心メンバーだった。社内調査委員会として残った社員を励ましながら、最後まで山一に踏みとどまって清算活動を指揮している。

「俺は菊野じゃ。名前の通り、何でも聞くのじゃ」が定番のジョークで、総会屋への不正融資事件で検事らの追及を受ける幹部を慰め、その直後に、山一が破綻すると、今度は、清算業務センターで働く社員たちの愚痴を聞いて来た。

「悔しいな、だがなあ、誰かがやるしかないんじゃよ」

「うん、うん、辛かったなあ」

芋焼酎の水割りを片手に、ときには社員の家庭にまで口を出す。

「お母ちゃん、元気かぁ。あんたら上手くいってんのかね」

そして引き出した答えに、「そうやなぁ」と相槌《あいづち》を打つ。それが、不思議と相手に安心感を与えた。

菊野は山一で西宮、水戸、荻窪、鹿児島と四つの支店長を務めている。役員に名を連ねても不思議のない実績を残したのに、その恬淡《てんたん》とした性格で、役員並み待遇の「理事」で終わった。ただ、山一の清算作業のさなかに彼の真価は現れる。清算業務センター長としての統率力と志操の高さを伝え聞いた勧角証券（現・みずほ証券）社長の沼田忠一は、「何としてもうちに来てくれ」と引っ張り、菊野は山一の仲間を引き連れて、勧角証券顧問兼勧角ビジネスサービス副社長に転じていた。

だから、薩摩弁で言えば、

「わしの人生は、てげてげ（よくも悪くもなし）でごわした」

ということになる。自慢は一つだけあって、それは、自分の下で仕事が辛くて辞めた部下は一人もいない、ということだという。

楠田親子にはそんな話をかみ砕いて説明した。インタビューの終わりに、琴未は「後輩に伝えることはありますか」と尋ねた。菊野は「うーん」と腕組みをし、しばらく考えてから答えた。

「みんな、きばりやんせ」

鹿児島弁で、頑張りなさいね、という意味である。

「しんがり（後軍）」とは、戦に敗れて退くとき、軍列の最後尾に踏みとどまって戦う兵士のことだ。彼らが盾となって戦っている間に、多くの兵士が逃れて再起を期す。山一の破綻のような場面で、多くの社員が再就職へと走らざるをえない、いよいよという局面になったときに、自分の人生に自信や覚悟、愛情のようなものがないと、しんがり戦は受け入れられない。

「だから、いまをきばりやんせ」

菊野もまた「薩摩を出た以上は、きちんと仕事を終えなければ帰ってくるな」と実家の親から言われていた。「きばりやんせ」は自分がかつて親や先輩から掛けられた言葉だ。

琴末はあの原稿を持ってNHK杯コンテストの地方予選に参加し、決勝まで進んだ。全国大会には出場できなかったが、祖母は「菊野さんから賞以上のものをもらった」と言ってくれた。その彼女は大学受験で来年、また東京に来るらしい。

琴末から電話を受けた菊野は、「きばりやんせ」と言ったあと、故郷の後輩に優しく声をかけた。

「江戸で待っちょるでな」

どこでもよか。東南アジアでもアメリカでも出て行くけん

岩下桂子（鹿児島支店総務課店内課長→リーディング証券監査部）

山一の自主廃業から三年後の秋のことである。岩下桂子はせっかく転職した会社に辞表を出し、自室で真っ白な時間を過ごしていた。蓄えがない。間もなく五四歳になろうとしていた。独り身で再転職のあてもなかった。

――明日からどうやって食べていこうか。

岩下は同僚二人とともに、一九九八年三月末まで山一證券鹿児島支店の清算作業にあたっている。本社には、自主廃業の発表後も長く踏みとどまり、清算業務や破綻の原因究明にあたった社員がいたが、支店にも「しんがり」と呼ぶべき人はいたのである。

だが、破綻後、会社は特段のことはしてくれなかった。記者会見で「社員に責任はありません」と叫んだ山一證券最後の社長・野澤正平の言葉は、岩下には虚しく響いた。連日、報道と奇異の眼に晒され、「私はなぜ、何でこんな目に遭わなければならないのだろうか」と思っていた。自分が日々流されていく会社人間であったことに、そのときになって気付いた。

岩下は雇用保険の受給を受け、それが尽きた翌九九年七月から、地元の社会福祉法人の事務局に職を求める。山一の四割ほどの給与しかもらえなかったが、老後に備えて買い込んでいた自社株は紙くずと化しており、背に腹は代えられなかった。マンションローンの残金を払い、それまで山一株を買ってもらっていた親戚や友人のところに詫び料を包んで回っているうちに、退職金は消えている。

新しい職場の理事長には評価されていると思っていた。ところが、一緒に採用された五人の同僚たちは一人、また一人と辞めていく。一年後に一人だけ残った彼女も、「態度が悪い」「電話応対ができない」と中傷され、デイサービス担当に配置転換させられる。どう考えても納得がいかず、配置換えから二ヵ月後に辞表を出した。

山一に長く勤めたことに悔いはないが、それは他人に話せないことだった。一九九七年一一月二二日午前五時過ぎ、日本経済新聞の一面を見た兄に、

「お前の会社、つぶれているぞ！」

と起こされたときの衝撃と悔しさを思い出すからだ。それに、同情されることにも強い嫌悪感がある。

切羽詰まって思い出したのは、「モトヤマ」の顔だった。山一の元社員たちは、自分たちのことを郷愁と苦渋を込めて「モトヤマ」と呼ぶ。突然、「元山一」と言わざるを得なくなった者たちの同志的結合を意味する言葉である。

辞表を出したその秋の夜、彼女は七年前の鹿児島支店長だった菊野晋次の電話番号を見つけ、受話器を上げた。菊野は鹿児島支店長の後、業務監理本部の理事になった。山一破綻直後に、本社の清算業務センター長に就くよう周囲から懇願され、その職を務め上げた後、勧角証券グループの監査部門を任されていた。

電話口に出た菊野は、横浜の旧公団住宅に住んでいた。かつての上司に、岩下は訴えた。

「菊野さん、何か仕事ないですか。鹿児島には仕事がないとです」

菊野は「敬天愛人」の言葉を好んだ西郷隆盛を敬愛し、とりわけ人とのつながりを大事にしている。

「しかし、あんたはいま、鹿児島やろう。その歳でどうすっとか、こっちに出てくっとか」

菊野の記憶にある岩下は優秀だが、おとなしい印象があった。しかも五〇代半ばだ。だが岩下は藁をもつかむ思いだった。電話に向かって大きな声で言った。

「どこでもよか。東南アジアでもアメリカでも出て行くけん」

「ほんのこつ（本当に）、出てくっとや、あんたは」

「うん、出てく。お願いします」

「よし、じゃあわかった」

それでほぼ決まりだった。電話の直後に岩下は上京して面接を受け、その足でアパートを借りた。モトヤマの紹介だった。

一方の菊野にも考えがあった。岩下を臨店検査の検査役として採用しようというのだ。勧角の監査部長を説得した。

「あのな、営業の女性社員はこれから増える一方ですわな。その営業担当の女性からヒアリングしたり、微妙な調べをしたりするときに、男の検査官じゃまずい。これからは女性の検査官を集めなければいかん」

そのころ、菊野は次々にモトヤマを勧角グループに引き入れていた。その数は最終的に十数人に上った。「清算業務や社内調査で汗を流した山一社員は、自分とともに採用すること」というのが、菊野が勧角に転職する際の条件でもあった。

彼は清算業務センターの会議でも「清算社員」と呼ばれる臨時雇用の人々に、「高年次の就職は大変厳しい状況下ですが、できる限り就職の機会を足で歩いて探して参ります。必ず我々を必要とする職場はあると考えております」（一九九八年四月一日）と約束していた。

「苦労した人間は必ず役に立つ」と菊野は信じていたのだった。

その言葉の通り、背水を意識した岩下たちはフィナンシャルプランナーの資格を取ったりしてよく働いた。岩下は勧角グループの監査部で計五年八ヵ月間勤めた後、リーディング証券（旧・ジーク証券）監査部で五年三ヵ月働いた。そして、六五歳の定年を迎え、菊野に「私、一足先に帰ります」と言い残して、あっさりと帰郷した。その引き際の潔《いさぎよ》さに菊野は、さすが薩摩の女は違うな、と思った。

岩下はこの一〇月で七一歳になる。鹿児島で観光ボランティアを続ける毎日だ。「後輩や若者に言葉をかけるとしたら、どんなことでしょうか」と私が尋ねると、「一度しかない人生だから、会社人間になってほしくない」と言った。

支店長になるまで、山一以外の社章は着けない

松平歩（倉敷支店営業一課主任→証券会社支店長）

所属していた倉敷支店を離れ、松平歩は東京都江東区にある山一證券塩浜ビルで、「山一学校」の授業を受けていた。

山一学校は、各本部の営業本部長の推薦を受けた主任級の社員が、現場を半年ほど離れて専門知識を習得し、金融のプロフェッショナルを目指す選抜者研修だ。各本部から、三〇歳前後の営業マンを中心に二〇名ほどが集められる。三〇歳の松平は、その三期生だった。

午前九時から午後五時まで授業を受けた。週に何度かテストがあり、追試もある。再試験で何度も悪い点数をとると、途中で支店に戻される。「退学処分」ということだ。大学受験より大変だと思ったが、本社の金融法人か事業法人に異動したい、リテール（個人営業）から、ホールセール（法人担当）に進めるかもしれない、という期待があった。

一九九七年一〇月の第二週から始まった研修は、勉強漬けの毎日で、山一がそのときどのような状況にあるのか、松平は知らなかった。当時、三洋証券が東京証券取引所の一・八倍もあるトレーディングルームを近くに設けていた。その三洋証券が一一月三日に破綻したときには、社員に哀れみを感じた。

廃業報道三日前の水曜日の朝、人事部から突然、「一度、支店に戻るように」という指示があった。経営不安説があるので、支店で担当している顧客のフォローをするように、という説明である。

松平は一年前に結婚をしたばかりで、山一学校に通うため、妊娠中の妻と東京・国立の実家で暮らしていた。命じられる通りに一人で倉敷に戻った二日後、明け方に見たＮＨＫニュースで破綻を知った。

連休が終わったらまた塩浜ビルに集合するように、と言われていたが、会社とともに山一学校もなくなってしまった。上司は「倒産」ではなく、「自主廃業」だと強調していたが、会社が消滅することに変わりはない。巨大企業がこんなにもあっけない幕引きを迎えるのは、受け入れがたい事実だった。

それでも倉敷支店に留まるしかない。清算業務にてんてこ舞いになりながら、これは現実なのだろうか、一晩寝たら夢であってほしいと、幾度も寝苦しい夜を過ごした。

東京に残した身重の妻は、大和証券の出身だった。

「大和の奴と結婚していれば、こんな大変な思いをしなくてすんだのに、申し訳ない」

妻に謝った。妻と生まれ来る子供への責任を痛感したのもこのときだ。破綻の年の秋に放送されたテレビドラマで、主人公がこんなことを言っていた。

「人生はいつからでもやり直せる。そして、最後の最後まで諦めない」。その言葉を思い出した。

生命保険会社に再就職をし、いくつか転職をしたあと、現在の証券会社に落ち着いた。転職は大変だが、自分を強くしてくれたとも思う。カメレオンは、背景に合わせて体色を変化させる。それは即座に環境に適応する能力だが、松平は、信念をただ貫き通すのではなく、貫き通すために自身を変化させることが重要だと考えた。

破綻したことの惨めさや後ろめたさに苛《さいな》まれることもある。自分は「負け組」なのだろうか。そして、一つの誓いを立てた。

新しい職場で支店長になるまでは、山一證券以外の社章は胸に着けない。その思いが、自分を衝き動かしてくれたのかもしれない。休日出勤をして人の倍は働いたという自負がある。

四年前、ようやく支店長になった。四五歳のときである。人事発表のニュースを見た元山一の先輩たちからお祝いの言葉が届いた。電報を送ってくれた人もいる。

山一の社章はいまも大切にしているが、現在は勤務先の証券会社の社章を着けて、通勤をしている。

支店長になったあと、両親の墓参りに下関に行った。そして、墓前に支店長の肩書が入った名刺を供えた。こらえていた涙がこぼれ落ちた。

まだまだいくらでも後がある

小野祐子（証券貯蓄部主任→資産運用会社シニアアドバイザー）

新しい職場で目の当たりにした光景に、小野祐子は息を呑んだ。

「社長さん、借りるときに言った話と違うじゃないすか」

社会に出てまだ一、二年という若い社員が毒づいている。相手は、自分の親ほどの歳の差がある中小企業経営者である。高利で貸したカネが返済できないことをタメロで締め上げていた。

「嘘ついたんすか！」

小野は山一破綻後、同僚たちとともに、商工ローン大手の「商工ファンド（後のＳＦＣＧ）」に再就職していた。一二年間も山一で働いたことだし、やり直すならば、証券界とは違う世界で生きてみたかったのである。ところが、「勢いのある新興企業」という評判に惹かれて入社してみると、そこは中小企業への過剰融資と強引な取り立ての現場だった。

商工ファンドの取り立ては二十四時間体制で、借り手の会社が倒産したという情報が入ると、深夜にでも駆けつけ、遠ければ即座に内容証明を送り付ける。他社に先駆けて焦げ付き債権の回収に乗り出すのだ。小野は事務職だが、終電に近い時間まで働かされた。

深夜に帰宅しようとすると、「小野さん、これ神田郵便局に出しておいて」。神田郵便局は二十四時間受付なのである。

経営する大島健伸《けんしん》は三井物産出身で、銀行の貸し渋りに悩む中小企業にターゲットを絞って事業を拡大し、一時は東証一部に株式上場した。そして、「Forbes」の世界長者番付に載るほど大儲けする。

彼が求めていたのは能力の高い人材である。会社を失ったモトヤマは絶好の標的だった。迷い込んできた小野たちを、商工ファンドの名うての社員たちはどう見ていたか。その一人は次のように証言する。

「山一など（破綻金融機関）の人は五〇人か一〇〇人ぐらい入ってきた印象があります。間違ったんでしょうねえ、何も商工ファンドに入る必要はないのに。ブラックな会社だけあって給料は高かったですが。山一の支店長クラスもいて、小僧のような社員に怒鳴られながら仕事していましたよ。

嘘みたいな本当の話が山ほどあります。高利貸しだから、生卵を投げつけられるなんてことはどうってことない。そこで鍛えられ、タフになるタイプと、辞めるタイプがある。辞めるタイプが圧倒的に多くて、新卒はゴールデンウィークが明けると半分になっていました。そして、そこからさらに毎年半分ずつに減っていく。SFCGが破綻して大島さんは（特別背任などの容疑で）捕まってしまいましたが、最後まで財務をやっていた人もいました。旧山一で出世した人もいましたよ。最後、会社が飛んだときに幹部だったんじゃないかな。稀有な人材で、倒産する数ヵ月前に危険を察知して辞めたはずですよ」

小野はそこへ入社して間もなく、転職は失敗だったことに気付く。

――私、選択を間違えたわ。でも、まだまだいくらでも後がある。

すぐに日経新聞の求人欄で再転職先を探した。三〇歳だった。生命保険会社を新たな職場として見つけると、入社から三ヵ月後、商工ファンドに辞表を提出した。

「ここで得られるものはもうない。これ以上いると、人として劣化してしまう」

内心は切羽詰まっていたのだが、そうは見えなかっただろう。小野は笑顔を絶やすことがない。いつも楽しそうで、悩みや悲壮感が見えにくい。

彼女を強くしているものがある。自立の意識である。女子高や短大で学んでいるころから何となく、「私はずっと結婚せずにいるかもしれない」と思っていた。山一には、比較的給与の安い一般職で入社している。独身のまま生きるなら、もっと稼がなくては、と思った瞬間、「よし、総合職に転じよう」と決意した。

うまく立ち回ることはできないが、生来、楽天家で立ち直りが早い。とりあえず、自分の決意を言葉にして訴えることが大事だと考えた。上司に相談し、勉強して総合職への転換を果たした。

自立できるくらいの収入は稼ぐ。そして、どんなときも「まだ後がある」と考えて、体力勝負で目いっぱい働く。そんな生き方は、二度目以降の転職でも変わらなかった。再転職したころ、彼女は、私が読売新聞社会部時代にまとめた『会社がなぜ消滅したか――山一証券役員たちの背信』（新潮社）を買って読み始めた。山一破綻について時系列で破綻の原因を解き明かした内容だったが、一章どころか各章の小タイトルを読む度に、彼女は役員や管理職が右往左往する姿に腹が立ち、なかなか一冊を読み終えることができなかったという。

「こんな、バカが経営陣だったのか！」と思ったら、悔しくて悔しくて仕方なかった。直情型でもある。

彼女は生保会社で一年二ヵ月働いた後、大手銀行から外資系信託銀行、大手資産運用会社へと転じている。再就職した会社には、たいていモトヤマの人たちがいて、小野はいつも「周回遅れのランナー」だった。その周回遅れをどこか意識して笑顔で頑張ったが、素顔は意外に知られずにきた。時々、働き過ぎて痛い目に遭う。

二〇一七年二月朝、彼女はいきなりの強い目眩《めまい》と嘔吐で救急搬送され、緊急入院をした。

連日四、五時間睡眠で、出張を繰り返していた。

病院に駆けつけてくれたのは、意外にも彼女のコンサートツアー仲間だった。小野はロックバンド「THE ALFEE（ジ・アルフィー）」やインストゥルメンタルユニット「ピアノジャック」の熱心なファンである。アルフィーについてはなかなかコンサートのチケットが取れないので、友達と交代で電話予約を続けてきたのだが、倒れたそのときは小野が電話予約当番に当たっていた。

「ごめんなさい、体の調子が悪くて明日の予約当番が果たせないの」

友達に伝えたところ、心配した友人が三人も病院に駆けつけてくれた。そして退院までの一週間、交代で見舞いに来た。

「無理しないで。あなたのチケットも取っておいたよ。また、行こうね」

ベッドで友人の声を聞いていると、苦しさが紛れ、不安を忘れた。体力を取り戻して、きっとコンサートに行くんだ、と思った。

死ぬ気でやれば何でもできる

馬場祐次郎（企業年金部付部長→地銀→ピクテ投信投資顧問）

なんとかなるよ、私も働くから

馬場和子（福岡支店）

――支店長たちの墓場みたいなところだ。

そう感じていた部署で、馬場祐次郎は山一の破綻を迎えた。その二ヵ月前に長崎支店長から企業年金部に飛ばされていた。そこは役員に嫌われた支店長らが集められるところだ。実はこれが二度目の左遷なのである。

しかし、人生は何が幸いするかわからない。

「飛ばし」のことは、副社長だった佐藤清明から薄々聞いていた。佐藤は最年少の副社長で、会長の行平次雄から「社長になってくれないか」と言われた一人である。それはあとで撤回されるが、佐藤がその要請を受けようと臨んだ副社長会の席で、財務担当の副社長が指を三本立てた。

「実は（隠し）債務がこれだけあるんだ」

「三〇〇億ですか」

「マルがひとつ違う」と行平は言った。三〇〇〇億円ということなのだ。

佐藤は絶句した。重大なその会社の秘密を一人で抱えておくことができなかったのだろうか、それとなく佐藤から伝えられたことが馬場の記憶に残っていた。

だが、こんなに早く破綻の日が来るとは思いもしなかった。呆然自失の後、煮えたぎるような憎悪が沸きあがってきた。まともな仕事をしなかった事業法人部、横田良男、行平次雄、三木淳夫の歴代社長は、社員に詫びることもしないではないか。

馬場は五二歳だ。再就職はできるのだろうか。不安と恨みで、眠れない日々が続いた。四歳年下の妻和子は、努めて普通に振る舞ってくれていた。ありがたかった。ある日、明るい声でこう切り出してきた。

「心配しないで。なんとかなるよ、私も働くから」

三〇年近く専業主婦だった妻がいきなり働くと言い出したので、馬場は驚いてその顔を見つめた。和子は大学受験に失敗し、他の女性社員から一ヵ月遅れで福岡支店に採用されていた。本社の研修を終えた馬場はその二ヵ月後に、福岡支店に配属され、和子と出会っている。入社時期がずれているせいか、他の女性社員からちょっと浮いた存在だな、と感じた。馬場もまた、唯一の男性新入社員だったから、新参者の孤独が理解できた。

和子は「場電《ばでん》」の係だ。短波放送を聞きながら、株価を卓上の紙に書き込む仕事である。いまのように、取引所から瞬時に電子情報を得られる時代ではない。

馬場が顧客から電話を受け、株価を確認しようとしても銘柄がなかなか見つからないときがあった。すると、和子は放送を聞き漏らさないように集中しながら、無言で株価表を指で差して教えてくれた。

あるいは、株価放送を聞き逃すまいと必死だったので、馬場の電話の声に閉口した彼女が銘柄を指差して黙らせたのかもしれない。だが、口をきいたこともない二人が、指先で少しずつ打ち解けていき、入社二年目のこどもの日に結婚をした。和子はまだ二〇歳だった。

馬場の出身地である佐賀県嬉野市の公民館と実家で二度、小さな式を挙げた。妻は実家の福岡市から、両親と親戚一同とともにマイクロバスに乗って嫁入りをしてきた。

「投信を一〇〇%売りきらないと、新婚旅行には行けないぞ」

上司からそう言われていた。式の翌日から、その投信販売が締め切られるまでの一週間、馬場は走り回った。目標を達成できたのは自分だけだった。晴れがましい気持ちで新婚旅行に出かけた。ハワイに行きたかったが、和子の一言で行き先を変えている。

「グアムの方が安いわよ。海は同じじゃない」

無駄口をたたかないが、無駄金も遣わない勝ち気な女だと思った。和子は結婚を機に退職し、二人の女の子を育てている。破綻時に長女は二三歳、次女は二一歳になっていたが、知命の歳に達した自分に働き口があるのか、不安は消えなかった。

馬場は一九九七年末から就職活動を始める。翌年、銀行で投資信託の窓口販売（投信窓販）が解禁された。ここで最初の左遷の経験が生きてくる。

彼は山一渋谷支店の副支店長から八王子支店長に異動した後、投資信託部長を命じられ、四年半も務めた。それは不本意なものであった。

渋谷支店の副支店長を務めていたころ、本社事業法人部から異動してきた部下が「保証商い」をやっていたらしい。顧客に利回りを確約する〝ニギリ（握り）〟と呼ばれる行為の一つである。馬場が八王子支店長に異動した後、当時の部下の行為が発覚し、馬場も監督責任を問われ、投資信託部に飛ばされた。

しかし、投信窓販が解禁されれば、銀行でも投信が収益の大きな柱の一つになるのは確実だ。この機に銀行に再就職すれば、自分の知識が役に立つかもしれない。

希望が見えてきた。

破綻後の再就職先は、妻の実家に近い福岡シティ銀行（現・西日本シティ銀行）の投資信託部である。担当役員から全権を与えられた。余所者に対する冷たい視線を浴びながら、行内で認められたいと勉強をした。国際テクニカルアナリストの資格を取得し、株式だけでなく、債券、為替、商品取引などあらゆる投資商品を分析する勉強をした。資格を活かして資金運用部に異動すると、一気に五二億円の運用益をあげた。頭取勅命で部長に昇格する。二階級特進だった。

定年まで勤め上げたあと、ピクテ投信投資顧問に入社している。ここで、山一のOB四人で作った株式ファンドの売り上げが二兆七〇〇〇億円にのぼった。日本一の販売高である。

山一時代には達成できなかった額を見て、これまでにない喜びを感じた。あんなに頑張れたのはなぜだろうか。企業破綻は、その人が成長するチャンスでもあると馬場は思う。

人間は死ぬ気でやれば何でもできる。しかし、破綻がなければ、死ぬほどの気持ちにはなれなかっただろう。それに投資信託部に行かなければ、その後の転職はうまくいかなかったかもしれない。飛ばされても腐らずに懸命に仕事を続けていれば、誰かが見てくれている。

私は幸運です。流浪者でもありません

松波美佐子（投資信託部管理課課長代理→日本長期信用銀行→メリルリンチ日本証券）

「不運な人だ」と松波美佐子は言われたり、書かれたりしている。山一廃業の後に、彼女が転職した日本長期信用銀行もまた、粉飾決算疑惑の末に破綻したためだ。「二重遭難」と同情する人もいた。だが、彼女から私に届いたメールは、淡々とそれを否定していた。「私は幸運な人間です」と。

私は取材を深めるために、元山一證券の人々に二〇問のアンケートを送付していたのだが、松波は一つひとつの問いに対し、語りかけるような文章で正面から答えた。

それを原文に沿って構成し、以下に記してみた。山一が破綻した当時、彼女は入社二九年目。要介護の母を抱えて働き、乳がんも乗り越えた、凜とした人生が浮かびあがってくる。

〈これが当時のわたしの真の気持ちだったかどうか、いまとなっては定かではありません。記憶は、自分の中で受け入れやすいように修正されることがあるからです。できるだけ、この二〇年間で沈んでいった記憶の闇の中から何かを見いだすように探ってみますが、それを前提に読んでいただければ助かります。

廃業前、東京・新川の本社ビルには様々な憶測が流れていました。外部情報とマスコミ報道が常に先行していました。株価は日々下がっていき、投資信託部管理課の課長代理だったわたしは、外資に収束されるという噂が実現するのだろうか、とおぼろげに考えていました。実際、近くの会議室でそれらしい人の出入りを見かけることもありました。この先、どんな事態が訪れるのかまったくわからないまま、ただ日々の仕事に流されていきました。

破綻した一九九七年一一月のメモです。

二二日（土）三連休の初日にいきなり投資信託部チームの皆に電話あり。山一自主廃業の話（日経朝刊の報道で）がある。

二三日（日）勤労感謝の日　上司より「明日出社せよ」との連絡。今週は姉に母の世話を頼むしかない。

二四日（月）振り替え休日だが、午前九時出社、午後一時に社内放送があるので全員集合。午後十時過ぎに帰宅。

二五日（火）てんやわんやの一日。帰りは終電車。

二六日（水）大変な一日が続く。終電車がなくなってしまったのでタクシーで帰宅。

これ以降はずっと空白です。会社が無くなるという実感はありませんでした。ただ、仕事が清算業務に取って代わり、目の前の世界がどんどん変わっていくのを不思議な気持ちで見ていました。

その後の感慨ですか？

お客さまには多大なご迷惑をおかけしました。知り合いや友人から温かい励ましを受け、一方で厳しい苦情のお言葉もいただきました。殺人事件も（直前に）ありました。清算業務が始まって、激務で過労死した方もいらっしゃったと記憶しています。

「外に出たら山一の社員だとわからないようにしなさい」「電車に乗るときは先頭に並んではいけない」などの注意事項を書いた書面が配られたように思います。人に恨まれる職業に従事していたのだなと、初めて実感しました。

この会社に入社するに当たって、父の知り合いから、「お金に絡む仕事に携わるのは、業《ごう》が深くなることだよ」と言われたことがありました。当時は何を言っているのか理解できずにおりましたが、いまさらながら深く感じることがあります。遅きに失することですが。

破綻後は、翌一九九八年一月末まで清算業務をしていました。お客さまの保有されている投資信託を、安全に他社に移管するための事務手続きを行っていました。業界で初めてのことも多く、関連する他社の担当者と手続きのフローを作成したりしていました。

そのころは、いかにお客さまからお預かりした資産を無事にお返しできるかということばかりを考えていました。その他のことは、日々業務に追われ考える暇がありませんでした。山一廃業のニュースが流れた一週間後に、外資系の投信会社からお誘いの電話を受けました。けれども、事務系の社員は清算業務に追われ、就職活動など考える余地もありません。もちろんお断りさせていただきました。

初冬に廃業が決定し、そこから冬がどんどん深まっていく、やがてクリスマスが、大晦日が、お正月が訪れ、雪も降ってくる。辛さが増していきました。

いまになってみると、山一の廃業は時代の趨勢《すうせい》だったのかと思います。金融の大変革があり、時代の河に流され沈没した船だったのかと思います。

年が替わり、清算のルーティーン業務も固まってきたころに投資信託部の上の方から「日本長期信用銀行に行かないか」とのお話をいただきました。長銀という銀行がどのようなところなのか、抱えている問題があることも、何もわからず面接を受けました。

あの上部が飛び出ている独特の建物、広くて大きなエントランスホール、エスカレーターを上がった先の豪華なお客様窓口のフロアなどに驚かされ、ここで新たな一歩を踏み出すのかと、疲れた頭で考えていたことを思い出します。

チームの皆も自分達が大変な状況にあるにもかかわらず、介護が必要な母を抱えているわたしの背中を押してくれました。ありがたいことでした。

「日本版金融ビッグバン」の一環として一九九八年に投資信託の「銀行の窓口販売」が始まりました。これは証券会社で投資信託を担当した社員にとっては、投資信託関係の新しい就職先を得る絶好の機会にもなりました。個人の能力とは別に、廃業時の所属部署によって明暗は分かれていったように思えます。

長銀の皆さんはとても優秀でした。わたしは銀行での投信販売をサポートするための人材として雇われたわけで、彼らと競い合うわけではなく、ある意味教える立場でいられたのは幸せでした。当初「嘱託」勤務ということでしたが、温かく迎え入れられ、山一の最終給与額を引き継いでくださいました。

わたしはとても運が良かったと思っています。

この時期、父は亡くなっておりましたが、母が高齢で介護を必要としておりましたので、姉やヘルパーさんの力を借りながら新しい仕事に取り組んでいました。姉は自分も義母の世話をしておりましたが、義兄とともに自転車で毎日駆けつけてくれました。

右も左もわからない、一から出直しの状態でした。まさに目の回るような忙しさです。

後年、母が教えてくれたのですが、夜になるとよく寝ながら唸《うな》っていたそうです。うなされていたのではなく、唸っていたのです。外に出せない大きなストレスがあったのかもしれません。

いままで株価ボードなどがいつも側にあり、その点滅を見ながら賑やかに仕事をしていた身にとって、銀行の緊張感と静けさは辛いものでした。投信チームの皆さんは一様にフレンドリーでしたが、証券と銀行の文化の違いにはなかなか馴染めませんでした。いつも三つの言葉を念じていました。

「人事を尽くして天命を待つ」「継続は力なり」「あきらめない」

そして、常に母の存在がわたしを支えてくれました。

しばらくすると、メリルリンチ日本証券が山一の支店網を引き継ぎ、社員を大量採用するという記事を目にしました。羨ましかった。あの仲間と一緒に、そして証券会社で仕事をしたいという気持ちが日々募っていきました。家族と、信頼し共感できる友達の存在は重要です。地位を得ても高収入でも、喜び悲しみを分かち合う相手がいなければ不毛です。

投資信託部の清算業務に関わらなかった多くの方々は、早々と転職先が決まっていきました。メリルリンチに移った投信チームには山一の投資信託部の方があまりいませんでした。当時、山一の他の部署にいた知り合いがメリルの投信チームをまとめていて、「こちらに来られない？」との打診がありました。

このころ、長銀の屋台骨もどんどん傾いていきました。思案の末に、上司に「メリルに行きたい」と率直に相談してみました。こんな答えが返ってきました。

「この先、投信の窓販を行うかどうかハッキリとした目途がたちません。君をうちに呼んでしまって申し訳ない。メリルに行ってかまいません」

優しい上司でした。チームの皆さんも快く賛成してくださいました。わたしはいつの時代も良い方々に恵まれていたと思います。

一九九八年九月にメリルリンチに再就職しました。元山一の方が圧倒的に多かったので優しく受け入れてくださいました。元々のメリルリンチは法人部門と債券に強くその方面の人材が豊富でしたが、投信に関しては手薄な状態でしたので、わたしたちの意見を尊重してくれることが多く、助かりました。

山一證券時代の給与体系は、いわゆる一般系列と店内系列とに分かれ、賃金格差がありました。店内系列とは主に制服を着た女性事務職です。もちろんわたしは店内系列。女性が一般系列に移る際には試験が必要でした。

メリルリンチには男女間格差などはなく、また、マネージャーとして入社したので、一般系列並みの給料に変わって、以前よりアップしました。ただし勤務内容は一変しています。

特にメリルリンチでの経験は貴重なものでした。最初に驚いたのは、役職名で人を呼ぶことはなく、社長であっても「さん」付けで話していたことです。上司は、多様な人たちの多様な意見を尊重していましたし、女性の能力も高く評価していました。ただ常に能力を求められ、継続してパフォーマンスを上げていくことは厳しいものでした。

最近よくワークライフバランスと言いますが、会社に依存することなく自己の充実を図ることは大切だと実感しました。山一時代は、上司の要望に応える範囲で業務をこなし、そのまま少しずつ階段を上っていました。けれども、外に出たとたんに何事にも自分の意見を持ち、それを相手にわかりやすく表現していかなければ進んでいけませんでした。わたしにとって破綻と転職は貴重な試練でした。それらは人の痛みを理解する一助となります。

この二〇年間で許せないことですか？

悲しいなと思ったことは、山一が廃業して半年ほどが経ったときでしょうか。山一社員のその後を追う新聞記事が出ました。

《山一が廃業し、転職先の長銀も一九九八年に破綻（一〇月に国有化）、流浪者となっている悲運な社員がいる》というような内容だったかと思います。長銀には何人かが面接に行きましたが、仕事に就いたのはわたし一人。見る人が見ればわたしだとすぐわかります。

実際は幸運だし、流浪者でもありません。でも、はた目には悲運に捉えられてしまうのは仕方ないことなのですね。

そして、許せないというよりは無理があるなと思ったことは、郵便局や銀行を利用している市井《しせい》のお客さまに、まだリスク商品の知識が行き渡っていないうちに、「自己責任」の名のもとに毎月分配型の投資信託などを販売しているということです。

投資信託は預金とは全く違う性質の商品です。説明責任を十分に果たし、無理のない商品を選び販売してほしいと常に願っています。


メリルは、後に三菱ＵＦＪメリルリンチＰＢ証券になりましたが、継続雇用制度により六四歳までの就業が可能でしたので、期間終了の二〇一三年二月まで働きました。母はその二年前に亡くなっています。九六歳の誕生日を迎える一週間前でした。

亡くなるまでの四年間、わたしは介護と仕事を続ける一方で、喘息をこじらせて入院し、さらに乳がんを発症しました。人間ドックで異常を知らされてから、忙しさにかまけて検査を受けなかったわたしのミスです。翌年の人間ドックでちゃんと検査を受けるようにと再度促され、検査結果を聞きに行くと、先生がすでに手術日の予約を入れていました。

母に乳がんになったこと、手術することをどう説明しようか悩みましたが、「悪いところは早く取った方がいいんじゃない」とあっけらかんと言われ、勇気づけられました。会社の仕事の引き継ぎと母の介護の申し送りなどで相当疲れていたのでしょう。手術当日に看護師さんから「昨晩はよく眠れましたか。大丈夫ですか」と心配そうに聞かれました。「爆睡しました」と言ったら驚いていました。忙しいのも悪くはないのです。

幸い手術は大事に至りませんでした。その後、放射線治療、薬物治療を経て現在も四、五ヵ月に一回のペースで通院しています。家族も、会社の皆さんもいままで通りに接してくれ、もう少し労《いた》わってくれてもいいじゃないか、と思うほどに自然でいてくれました。それが〝極意〟なのかもしれません。

普通でいること、悲観的にならないことです。なぜなら、働くことができる、優しい家族がいる、仲間に友達に恵まれている、こんな幸せなことはないからです。

会社は先進的で、フレックスタイムを取り入れるなど柔軟に対応してくださいました。証券会社と投資信託から離れて四年になりますが、いつまでたっても有給休暇の中にいるようです。忙しかったので有給休暇が嬉しかったのです。

ずっと英語で苦戦していましたので、教室に通ってみました。書道塾にも通っています。読めなかった本を読み、音楽にも興味を惹《ひ》かれています。これからは、会社の倒産よりもずっと大変なものとの闘いです。相手は「老い」。相当な努力が必要です。

若い方々には、「あなたたちの感性で、見たこともないような新しい美しい時代を作って」と言いたいです。語学力を付け、コミュニケーション能力を養って下さい。活躍の場を見いだせれば大きく花開くはずです。

あなたの才能を活かすチャンスは必ず訪れます。目を開いてチャンスを待っていて下さい。そのためにも常に自分を磨いておいて〉

何とかならい！

高橋秀雄（取締役金融法人本部長→ウィルビー代表取締役）

ドリス・デイの弾むような歌声が日本中に流れていた。戦後復興期から脱して、高度成長へと向かう時代のことである。

Que sera, sera　　（ケセラセラ
What will be, will be　　なるようになる）

九つのとき、高橋秀雄は工都・新居浜《にいはま》の街で聞いている。母の五七子《いなこ》の言葉で訳すと、あれは「何とかならい！（何とかなるよ）」ということになる。

ハイカラな母で、愛媛県新居浜市の家には証券マンが出入りしていた。個人で株取引をしていたのだ。新居浜市は背後に別子銅山を抱え、住友家がその礎を築いた企業城下町である。景気の良い街だった。

多くの子供たちが野球選手や相撲取り、バスや電車の運転手に憧れていたのに、高橋は証

券会社に入ろうと思っていた。母の影響だったのだろう、「将来の私」を問う学校の作文に、はっきりと「証券マンです」と書いている。

『ケセラセラ』は一九五六年に公開されたヒッチコック監督映画『知りすぎていた男』の主題歌だ。母がそれを意識していたのかは知らないが、高橋が小学校のころから失敗したり、ふさぎ込んでいたりすると、背中から「何とかならい！」とハッパを掛けた。

「大丈夫だよ。くよくよしても仕方ないよ。自分で考えてやってごらん」

山一が破綻したときもそうだった。

人事部長から取締役金融法人本部長に昇進して二年が過ぎていた。自主廃業を決める役員会の約二〇日前、土曜日の夕刻に突然、企画担当常務の藤橋忍から携帯に電話があった。藤橋は山一の中枢にいた。

「至急、会社にきてくれ」

緊急呼び出しだった。高橋が席に着くと、藤橋が山一の秘密を打ち明けた。

「実は、うちには簿外債務があるんだよ」

会社を挙げて、その存在を否定してきたことだった。高橋は人事部長に抜擢されるまで、個人営業一筋に歩んでおり、法人部門が隠し続けた債務隠しについて知らされていなかった。

「当面の資金繰りが厳しい。このままでは今月がヤマ場となりそうだ」

驚愕した。これを青天の霹靂《へきれき》というのか。既に山一の株価は急落し、「山一危うし」の声は否定しようがなかったが、高橋はいまのいままで、会社は永遠に続き、人生は山一證券とともにあると信じて疑うことがなかった。

しかし、この危機を乗り越えれば、山一は創業から一〇一年目を迎えられるかもしれない。短期の資金繰りは会社首脳と資金部の担当である。「山一證券なのだから」という淡い期待感と、崩壊の恐怖感が交錯し、資金部の奔走や首脳の延命工作に最後の望みを託すしかない忸怩《じくじ》たる思いの日々だった。

一刻も手放さなかった携帯電話が一一月二二日午前二時ごろに鳴った。とうとうそのときがきた、と覚悟を決めた。日経新聞が「山一　自主廃業へ」という報道を流しているという。会社に駆け付けると、すぐに取引先の金融機関の担当役員に電話を入れた。

「自主廃業に関しては、いま事実確認中です」。その後、緊急取締役会に臨んだ。

しかし、「そもそも、自主廃業って何だ？」というのが高橋の正直な気持ちだったのである。役員ですらそうだったのだから、社員たちが自主廃業の意味を理解できなかったのは当然のことだった。

それから何も知らなかった役員たちの猛烈な怒りと涙を嫌というほど見た。

印象的だったのは、社長の野澤正平とともに山一の延命工作に奔走した常務の藤橋が男泣きしたことだ。取締役会で自主廃業の議決をした後、役員が一斉に立った円卓の席で、冷静沈着だった藤橋が声を上げずに泣いていた。

藤橋は山一の致命傷となった「飛ばし」に早くから気付いており、その解消に向けて工作する一方で、他の役員たちにはこの重大事を漏らさなかった。それを批判する幹部も多いが、社長側近の彼には彼なりの苦しみと悔恨があったのだろう。

自主廃業を宣言した山一には、すぐに開始しなければならないことが三つあった。一つは、すみやかに営業を停止し、本支店を閉鎖するように社員を導くことである。山一自体の資産を売却したうえで社員に再就職を斡旋することもその中に含まれる。二つ目が、顧客から預かっている二四兆円の株券や資産を早急、かつ正確に返還すること。すなわち清算業務だ。そして、三つ目が債務隠しの真相を暴く社内調査である。

このうち、二の清算業務と三の社内調査を、理事の菊野晋次と常務だった嘉本隆正《かもとたかまさ》が引き受けた。高橋は一つ目を担当した後、翌年の四月、部下ら六人を引き連れて安田火災グローバル投信投資顧問取締役に就いた。当時、母と電話で話すと、

「一生懸命やってれば、何とかならい！」

と繰り返した。その後、事業会社、証券会社の執行役員法人本部長を務め、二〇〇六年一一月に、人材紹介会社「ウィルビー」を東京・日本橋に設立した。

ウィルビーの社名には、曲がり角のたびに母が電話口で言った「何とかならい！」と、ドリス・デイの「will be」を重ねた。母は九二歳で逝ったが、社名の中に生きている。

起業した会社について言えば、山一など金融界の仲間や後輩から求められて作っており、収益は大事だが、ボランティアに近い一面も持っている。一方に、リストラや経営破綻で転機を迎えた人材がおり、他方には即戦力を求める金融界がある。ヘッドハンティングというよりも、その間を取り持つコンサルタント役が、終身雇用なき時代に必要なのだ。自分のように失敗体験を持つ人間の知識は役に立つはずだ、と古希の高橋は思う。

最近、「山一のドン」と呼ばれた行平次雄の夢を見る。行平は、「飛ばし」を生み、簿外債務を先送りして会社を破綻させた張本人と言われるが、夢の中の行平はゆったりとして腹の据わった男だ。

簿外債務事件には実は、数多くの役員や幹部たちが関与し、出世と引き換えに背信の階段を上った。

――行平はその山一の悪をすべて背負って逝った。

そう思うのも二〇年という時間のせいだろうか。恩讐《おんしゅう》のかなたに、とはよく言ったものだと、高橋は思う。

第二章　我が道を行く

ゴマすり人間にだけはなるな

冨来《とみく》健一（出向先の樹脂メーカー経営企画室長→造園業）

四十数年ぶりに、冨来健一は燃えるものを感じて受験勉強をした。六二歳になっていた。還暦過ぎて一念発起というわけだが、時間つぶしに受験浪人になったわけではない。

山一海外営業部の業務管理マネージャーで定年を迎えると、彼は五年の約束で樹脂メーカーに移っていた。メーカーが株式上場を準備するというので、山一から出向した形で経営企画室長を務めていた。

それから一年半後、破綻のテレビニュースを妻と箱根のホテルで見た。山一は有能な人材を次々と追い出し、経営陣は二流、三流の人材で固められているから、「とうとう来たか」という思いだった。

だが、山一の看板で派遣されている冨来も無事には済まない。親亀がこけると、子亀もたちまちこけて、彼は自主廃業発表の七ヵ月後に退職した。

再就職のあてはない。ならば、自分で何か始めるしかないだろう。これまで選んでこなかった道を選べば、新たな発見があるかもしれない。思案しているところに、「ここはどうなの?」と、「ちば県民だより」を妻の増恵《ますえ》が持ってきた。広報紙の記事のなかに、「千葉県立高等技術専門校造園科が入校生を募集」とあった。

「自己流でやるよりも本格的に勉強をしたら。庭の剪定《せんてい》代も助かるわ」

よし、と思った。造園科は一〇倍の倍率だが、冨来は大分県杵築《きつき》市の材木屋のせがれである。みかん農園もやっていた。

それに福岡商科大学（現・福岡大学）短期大学部と慶應義塾大学法学部と二つまでも大学を出ている。山一で調査部や国際部に在籍、パリに駐在し、中国を一〇年も担当して、あらゆる経験をしたという自負もある。難関をくぐり抜ける自信は大いにあったのだが、見事に落ちてしまった。暇はたっぷりあったので勉強をやり直し、三ヵ月後に再受験してようやく合格した。

三七年ぶりに訓練生という名の学生に戻ると、若かったころの苦楽を思い出した。

彼が入社したのは、山一が急速に経営規模を拡大していた一九六二年である。大学で証券研究部に所属しており、当時、関東証券研究学生連盟のスポンサーが山一だったことから、すんなり山一入社を決めた。

ところが、入社して四年目の一九六五年、証券不況のなかで山一は一回目の経営危機に陥り、取り付け騒ぎが起きた。顧客が支店に殺到する。その顧客を他の証券会社が車を並べて待ち構えていた。

「うちは大丈夫です。ぜひこの車に乗って」

そんな言葉に誘われ、唐草模様の風呂敷包みを抱えた客が、車内に吸い込まれていった。その修羅場を見聞きして、自分の中で変化したものがある。

――サラリーマンとして雇われ社長を目指すより、サラリーマンという自分を経営している、という考えを持つことだな。

それは自立への憧れだったのかもしれない。

一九六五年の危機を日銀特融で乗り切った山一はしかし、本質的には変わらなかった。その後の山一の腐敗を許したのは、トップに従うイエスマンたちだ。ゴマすり人間にだけはなってはいけない、と冨来は言う。彼らが会社をつぶし、政治をだめにする。

「あのときだったな」と彼は思うことがある。

――吉田允昭《まさあき》が行平に勝っていれば。

吉田は、山一證券の「ドン」行平次雄に抵抗した元取締役企業開発部長である。一九八六年に三菱重工業CB事件が発覚した後、山一證券を追われている。

CB事件は山一を含む四大証券が三菱重工業から依頼され、値上がり確実なCB（転換社債）を政財界や総会屋にばらまいたと言われた事件だ。当時、行平は三菱重工業担当の事業法人本部長だったが、ばらまきの噂が広がり、個人営業を重視する反行平派の吉田らとの社内抗争に発展した。だが、吉田と彼を支持する少数の個人営業派幹部は逆に一掃され、やがて行平と取り巻きの法人営業グループが実権を握って、「ニギリ」と債務隠しが横行する。

二年先輩の吉田は元組合委員長として人望があり、一緒に仕事をした冨来の眼にも仕事の天才だと映った。彼さえ残っていれば、間違いなく山一は再建できたはずだ、と冨来はいまも信じている。


冨来の再出発は山一破綻から一年半後の一九九九年春。県立高等技術専門校で半年間の庭師修業を終えると、翌五月、「冨来造園」を千葉県船橋市に興した。

ここで彼は世間を知った。調査部企業調査課で働いていたころは、山一の名刺を出せば、大企業の専務でも社長でも会ってくれた。山一の信用を背景にしていたからだ。

ところが、一介の庭師になってみると、だれも見向きもしない。冨来造園のパンフレットを作って各戸に配っても、冷やかしの電話さえなかった。看板のない人生がいかなるものかを思い知った。

初めて注文が来たのは、大手新聞の販売店が配っていた瓦版に無料広告を載せてからだ。たぶん、その新聞販売店に出した広告なら信用がおける、と思ってくれたのだろう。

定年後に半分になった年収は、造園業を始めてさらに半減した。でも、人生はなるようになるし、「痛い、苦しい」と思わなければ、何ともない。般若心経の教えは、このことを指していたのだろうかと、八一歳になった冨来は、庭の手入れをしながら思う。

帰るところはなくなった

鶴川里香（金融法人本部法人事務部→脚本家）

「隣の芝生は青く見える」という。冨来はただ憧れるだけでなく、いくつもの隣の芝生を経験した。そしていま、サラリーマンの隣にある職人という芝生にいる。まだまだ現役だ。傘寿を迎えた二〇一六年八月、北海道の南富良野にキャンピングカーで出かけて水害に遭遇し、九死に一生を得たので、一年後に北の大地に再び挑むことにした。稚内《わっかない》からスタートして約一ヵ月間、キャンプ生活を送った。

最近になって、冗談交じりに妻は白状した。どうやら、あのとき、増恵が高等技術専門校を勧めたのは別の魂胆があったようだ。夫が自宅でぶらぶら、粗大ゴミのようになっては困る、と思ったらしい。「本当ですか」と私が彼女に質《ただ》すと、軽くいなされてしまった。

「そんなことはありませんよ。主人はね、未亡人のお庭ばかりを剪定したがるんですよ。そんなお庭で堂々とお仕事ができて良かったんじゃないですか」

いずれにせよ、冨来は妻の勧めに乗ってよかったと思っている。造園業は体に良い。第一、高い金を払ってフィットネスクラブに入会する必要がない。

三〇歳の夏に金融法人本部に辞表を出した。経営破綻する四ヵ月前のことだ。脚本家になりたかった。辞める三年前からシナリオの学校にも通っている。

永代橋のそばにあった本社ビルで、株式売買の事務や株式名義の管理を担当していた。職場は、「金法《きんぽう》」と呼ばれ、社内で最も大きなカネを預かっていた部署だ。楽しい職場だったから、女同士で旅行したり飲みに行ったりして、一〇年四ヵ月も勤めてしまった。

一方に、そこから早く抜け出そうよ、と突き上げる自分がいた。決まった時間に決まった場所で、同じ仕事をすることが苦痛でもあった。「人の山一」というパンフレットの言葉に惹かれて入った会社だったが、会社勤めには向かない、とも思っていた。

辞めた後も、元の職場に顔を出していた。警備員は「久しぶりだね。いらっしゃい」と迎え入れてくれた。最後に立ち寄ったのは、経営破綻が報じられる三日前で、元の同僚と冬のボーナスの話をした。組合が七％ダウンの提示をしたのに対し、会社は三〇％以上の削減を求め、揉めていたらしい。

「組合寄りで折り合ったんだって」

「でも、会社は払う気ないんじゃないの」

同期と笑い合った。だから、破綻のニュースには仰天した。元同僚はどうしているだろう。どうなっているの、と聞きたかったが、そんな勇気はなく、辞めた者同士で一斉に連絡を取り合った。

辞めて二年間は脚本家の修業をしようと思っていた。コツコツと買ってきた山一株や投資信託を少しずつ取り崩せばいい。だが、はっと気付いたときには、山一株は紙切れ同然になっていた。そして投資信託も大幅に目減りしている。おカネがなくなったらバイトさせてもらおう、と山一に派遣登録もしていたが、そのあてもなくなった。

仕方なく、東京の大井競馬場でアルバイトをしたり、酉の市で縁起熊手の売り子をしたりしながら脚本の勉強を続けた。そんな生活が三年。テレビ番組の構成作家としてようやく食べられるようになり、作家以外の仕事を辞めた。

「絶対」というものは存在しない。平穏な毎日が続く保証はないと知った。脚本家として仕事ができるようになったのは、逃げ道がなくなったからだ。山一はいつでも帰れる場所だった。三五歳までに作家として食べていけなければ、きっぱりあきらめて会社員に戻ろうと考えていた。その戻る場所を、帰る山一をなくしたことが、脚本家という一筋の道へと進ませてくれた。

会社員時代は生活が守られていた。毎月、確実に給料をもらえる。会社から拘束される代わりに、海外旅行や買い物、習い事を楽しむ余裕があった。脚本家になってからは、休みってなんだろう、と思う。仕事に追われれば睡眠時間がとれないし、仕事がなければ不安でたまらない。それでも、好きな仕事に就いているという満足感がある。

いま、主宰する劇団の舞台脚本を書いている。観客の大半は会社員だ。毎日働いて、大事な休みと給料を自分たちの公演を見るために割いてくれている。感謝の気持ちでいっぱいだ。会社員を経験していなければ、芽生えなかった気持ちだろう。

公演のときは、同期が揃って見に来てくれる。モトヤマであることが、仕事につながったこともある。結婚式当日に新郎の勤める証券会社が破綻する、という脚本を書いたときもあった。

二〇年も経ったからだろうか、最後まであの職場にいたかった、という気持ちが湧いてくることがある。鶴川里香がいた職場では、彼女の退職が涙のない最後の送別会となった。残った仲間はその送別会から八ヵ月後の一九九八年三月に一斉に散って行った。

「いい会社だったのにね」

一〇年ちょっとに過ぎないが、勤めた会社のことをそう言われるのが、いまでも誇らしい。

「人の行く裏に道あり花の山」

松浦慎治（長岡支店→塗装業兼代書屋）

雨の日は都合が良い。本業の塗装業を休んで、一日中、好きな筆を執ることができる。松浦慎治は自称・代書屋。「風景印　筆文字　手紙屋代表」を名乗っている。客からメールで依頼を受けると、筆ペンや万年筆で、礼状などを代筆する。小学生のとき、雑誌の書道コンクールで一位になったことがある。山一にいたときは、書くことがこんなに楽しいとは思わなかった。余裕がなかったのだ。

一九八八年に山一に入社した。バブルが九合目に差し掛かるころだった。翌年、株価が天井を突き、それから崩壊をしていく。支店営業の日々をノルマと数字が追いかけてきた。いまになって、雅号を「龍雲」としているが、当時は目の前の数字だけが頭の中にあって、頭上にあった盛夏の入道雲や初秋の綿雲などは眼に入らなかった。

営業マンとして優秀ではなかったが、相場勘はあったと信じている。

相場を見る力は、未来を見通す力でもある。「山一は危ないぞ」と同期の社員たちに言い残して、破綻二年前の一九九五年二月、人材派遣会社に転職をした。その後、千代田火災海上（現・あいおいニッセイ同和損保）に移ったころ、破綻のニュースを高速道路のサービスエリアで聞いた。

「やっぱりか」という思いとともに、雑誌や本を読み山一證券は死に体だと感じていたことを思い出した。辞めるとき、もう少し強く同僚にそのことを訴えていれば良かった。

四五歳で故郷の山口県平生《ひらお》町に帰り、住宅塗装とＬＥＤ販売の飛び込み営業をした。山一で鍛えた営業力は、どこでも通用した。ただ、あの頃と違うことが一つある。会った人には必ず、その日の夜に自筆の葉書を書く。

証券マンにとって、自筆で手紙を書くことは重要だった。野村證券のように、巻紙に筆文字でお礼状をしたためる文化を残す会社もある。松浦も、ここぞというときには筆ペンで手紙を書いたが、多くの手紙を書く時間は持てなかった。

もったいないことをした。もう少し得意の筆を活かしていれば、敏腕営業マンになれたかもしれない、と思うことがある。

相場の世界には、「人の行く裏に道あり花の山」という有名な格言がある。花見でも人のたくさんいるところを避けて裏道を行くと、たくさん花の咲くところがある、という意味だ。

人が群れるところではなく、自分の好きな道を行こう。そこで技を磨いていけばきっと花の山に出会う――松浦のたどり着いた感慨だ。

お客さんは命の恩人

東原悦美（高松支店証券貯蓄課→野村證券→カラオケ喫茶ママ）

《「私の1日」》

朝はゆっくりしている。目覚めると、まず島根の両親のことを思い、電話をかける。父も母も元気でいると確認して、私の1日が始まる。

買い物や他の用事を済ませると、近くの喫茶店に行く。全て手作りの日替わり定食は栄養満点だ。それから、午後1時に店開きする。私はカラオケ喫茶のママさん。小さな店を1人でやっている。

一番乗りは89歳の男性。父より一つ若い。私を「つめまま」と呼ぶ。「飲み過ぎたらいかん」「もう帰らんといかん」という「いかん」が気に食わない。「冷たいママ」の意味で「つめまま」と呼ぶ。

女性客の最高齢は93歳。母より二つ年上。もう何でも聞いてあげる。「ママさん、日本酒はあるんな」「はいはい1合ね」。お見送りも誰より長く、3倍は時間をかける。

1曲歌うのに1時間以上待ってもらうようになると、歌を聞かずに大声で話しだすので

「聞いて」と怒る。私は皆から「ばあば」と呼ばれる。

毎晩8時50分に、81歳の女性がお出ましになる。みんなから「姉ちゃん」と呼ばれ、一杯飲んで上手に歌う。

11時には閉店。私は叫ぶ、「みんな解散」。それでもまだ、みんな話している。話題は年金か病気だ。最後は姉ちゃんを道一つ隔てた家に送って行く。お月さんを見上げてつぶやく。「明日も、父と母がよい日でありますように」（二〇一五年八月二日付）》

中国新聞朝刊の「こだま」という欄に、東原悦美は前掲の小文を投稿した。六四歳の夏だった。書くことが好きなのである。気風の良いママのようだが、以前の文章はそうではなかった。書きながら自分を励まし、少しずつ強くなったのではないか。

山一の自主廃業発表から一〇日後に、「会社が倒れようとも」という文章を、朝日新聞の家庭欄に投稿している。四六歳である。高松支店の証券貯蓄課で働いていた。

《連休前の週末、社内ですれ違った支店長が明るい顔で言った。

「この三連休の間に、これからの山一の経営方針が具体的に、明確に発表されるだろうから、楽しみにしておきなさい」

私は〈そうだ、きっと大丈夫だ〉と光が差してきたような気持ちで、夜を過ごした。支店長も、いい知らせが聞けると思っていたのだろう。

私は山一證券に勤め始めて十五年になる。

翌朝、直属の上司から電話がきた。「ごめんね」の一言。〈倒産？〉。頭が真っ白で涙も出なかった。出社すると、女性社員が泣いていた。情報源はテレビだけ。

入社当時からどんな状況のときもお付き合いをしてくれたお客様に、「テレビを見ていらっしゃると思うんですが」と電話を入れた。相手の声を聞いたとたん、涙が出た。

自身の損失も顧みず励ましてくれるお客様の温かさに泣き、旧経営陣への怒りに泣いた。

山積みの清算業務に右往左往するうち、あらしのような一週間が過ぎた。

私は十年前に夫を亡くした。今、先のことは見えないし、考えられないけれど、たくさんの温かさを感じていると、〈生きていける〉と力がわいてくる。

清算業務は、まだまだこれからだ。

多くの方々に迷惑をかけ、今は紙切れのようになった会社だが、私はこの会社をいとおしみながら、強く生きていきたい（一九九七年一二月四日付）》

一九九八年二月末で清算業務は終わり、山一高松支店のシャッターが下りた。彼女は地元のライバル・野村證券高松支店で働くようになる。「野村は、山一の人間を採らない」という噂だったので、四月一日の高松支店入社式で挨拶している自分が不思議だった。

野村に移ってすぐ山一時代のお客さんが株券や現金を持って支店を訪ねてくれた。「山一で損したのはあんたのせいじゃない」と言ってくれる。嬉しかった。だが、野村の先輩たちを追い抜く成績を上げると、周囲の雰囲気は一変し、同僚から無視される日々が続いた。自分の気持ちを託して、今度は朝日新聞の「声」の欄に投稿する。投稿した意見には、「元山一の仲間、がんばろうね」という見出しが付いていた。

《大望の夢を抱きし人生の
出発点にふたたび幸あれ
私の再就職先に、山一證券時代の顧客だったT様からお便りを頂きました。ご夫婦で詠んで下さった歌のうち奥様の詠まれた一首です。寛大で優しいお人柄に、乾いた目に再び涙がにじみました。(中略)
まだつらいとか思うほどの余裕もありませんが、これからの道のりに困難を感じた時、心に刻んだこの歌を励みに頑張っていこうと思います。
あの時は本当に大変だったよね、としみじみ思い起こし、話せるようになるのは、何年先になるのでしょう。全国に散った元山一社員の皆様、お元気ですか。
人生は七転八起の根性で
わが手で摑もう幸多き日を

頂いたこの歌を皆様にもおすそ分けします（一九九八年五月一三日付）》

野村に転じて一年も経たないうちに八キロも痩せた。彼女には自覚はなかったが、医者には「あなたは仮面うつ病です。誰もあなたがうつ病とは思わないでしょうけどね」と言われた。結局、四年間、頑張って自営業に転じた。

収入は、山一から野村に移った時点で四割減、さらにそこから自営に転じて三割減になった。だが、おカネは貰いようではなく遣いようではないか。いくら貰うかよりも、どう遣うかが大事なのだ。

山一時代のお客さんは命の恩人だと彼女は思っている。彼らが野村に来てくれたから「いま」がある。あのとき成績を上げることができなかったら、入社早々辞めるどころか、自分は死んでいただろう。人の為だと思ってやったことも、全部自分自身に返ってくるのだ。

いまは恨みに思う人もいないし、許せないと思うこともなくなった。たくさんの人に迷惑をかけながら、それを許してもらった。だから彼女もここまで生きてこられたのだ。「つめまま」とか「ばあば」と呼ばれても、今日もお客さんのために店を開こうと思う。

死ぬときに理想としている自分でいたい

高野将人《まさと》（山一證券投資信託委託企業調査部→魚BAR「一歩《いっぽ》」経営）

脱サラをして居酒屋を開こうと思案しているときに、その曲は流れてきた。

And there's a road I have to follow
A place I have to go
But no one told me just how to get there
But when I get there I'll know
'Cause I'm taking it
Step by step
Bit by bit

栄光と挫折に彩られたホイットニー・ヒューストン。激しい彼女自身の人生を唄い上げるような、高い声だった。

《そして、そこに辿らなければいけない道がある。

私の行かなければならない場所がある。

だれもその道筋を教えてくれない、いつ私が着けるのかも。

なぜなら、辿り着いたらわかるのだから。

一歩一歩、少しずつ》

二〇〇四年——山一が破綻して七年の月日が流れていた。一人で再出発しようと気を張っていたせいか、髙野将人は「Step by step」という言葉に強く打たれた。
——うん、店の名前を「一歩」にしよう。それが泥臭い自分にふさわしい。

髙野将人は、入社からわずか八ヵ月目に山一破綻の日を迎えている。彼が働いていたのは関連会社の山一證券投資信託委託である。借入金ゼロ、純資産七〇〇億円超の優良子会社だったが、破綻によって、親会社と信用と最大の販売ルートを失ってしまった。

会社は間もなく旧三和銀行の傘下に入る。「パートナーズ投信」と社名を変更し、新経営陣の下で大幅なリストラが断行された。先輩社員たちが押しつぶされていくのを、若い髙野は目の当たりにする。

まず五〇歳以上が希望退職によってほぼ一掃された。外部から幹部社員をスカウトしたり、若手を登用したりして、残った部長クラスも給与を大幅ダウンされ、降格人事や露骨な配置転換で退職へと追い込まれていく。

——その社員の中には、社交性がなかったり、どんくさかったりした人もいたかもしれない。でも、自分たちの従業員じゃないか。

会社の都合で一方的に解雇することができないため、年配者たちに屈辱を与え、「自己都合退職」に持っていこうとしている。髙野にはそう映った。

そうしたリストラは、この二〇年間、髙野のいた金融界だけではなく、メーカーでも実行されたことである。だが、それを当たり前のようにこなす人々や風潮に、彼は強い嫌悪感を覚えた。

山一の破綻直前にも不審なことを見てきた。たとえば、日経新聞で「自主廃業へ」と報じられる直前二週間の山一の株価は二〇五円から五八円まで急落している。廃業を確信して売り込んでいる企業や人々がいた、と指摘する人は多い。政財界にインサイダー取引もあったのではないかという疑いを、髙野は抱いている。

投資は自己責任だが、つぶれるわけがないと信じ、借金してまで自社株を買って支えようとした社員もいる。もし不公正な取引があったとしたら、その社員や山一への投資家がその犠牲者ではないか、と彼は考えた。

ずるいことをしたり、人の気持ちがわからなかったりする人間にはなるまい、と髙野は強く誓う。そして破綻から一年ほど過ぎたころ、目標を立てた。

「三〇歳になるまでに一〇〇〇万円の資金を貯めて独立する」

その言葉通り、二〇〇四年に彼は会社を辞めて、魚BAR「一歩《いっぽ》」を東京・恵比寿に開いた。居酒屋を選んだのは、三つほどの理由がある。

一つは、パートナーズ投信がUFJグループに統合された後も、彼は企業アナリストであった。サービス業や小売業を七年間、見続けた経験から、限られた資金で手っ取り早く、低リスクで始められるのは飲食店だと判断した。

二つ目は、料理が好きだった。三つ目は、仕事帰りの居酒屋で至福のひとときを感じるサラリーマンだったことである。先輩たちと連れ立って、うまい刺身で焼酎や日本酒をちびり飲んでいると、「幸せだな」と感じる。あれは日本人のベーシックなスタイルだ。どうせやるなら、刺身をつまみながらゆっくりと飲める店をと思い描いていた。だから「魚バー」だった。そして、店名はホイットニー・ヒューストンの歌に従った。

飲食店経営者の中には、社会のライフスタイルを豊かにしたいという人間がいる。その気持ちに触れて、自分のやりたいことはこんなことじゃないか、と思えてきた。不安はあまりなかった。何とかなる、そう楽観的に思う方が得だ。

やると言ったら何を言っても聞かない性分なので、両親は特に言葉を挟まず、ただ、「弟は巻き込むな」と言った。しかし、結局、頼りにしたのは弟で、一緒に働いている。

一番の苦労は売り上げが上がらないときだ。売り上げが低迷すると落ち込んでしまう。「広告を打てばいいじゃん」と周りは言う。だが、一時的な客ではなく、なじみの客を蓄積していきたい。たまたまネットで広まって売り上げが急増したりして、従業員にも勘違いしてほしくない。

飲食店の基本的な評価要素は、クオリティとサービス、それにクリーンネス。つまり味、接客、清潔性の三つだ。奇を衒《てら》ったことをやるより、店の掃除と後片付けをきちんとやろう、と従業員には言っている。

麻布十番や故郷の仙台にも出店したが、年中無休で働いて、年収は八〇〇万円程度だ。いまもサラリーマンだったら一五〇〇万円くらいかな、と思ったりもするが、弟が不満のはけ口になってくれるし、自分の耐性ができてきた。

まだ四三歳だ。他にも、潰れた旅館を立て直したい、という夢がある。三歩ぐらい進んだら二歩ぐらいステップバックしたりして、最終的に上がっていければいい。

「死ぬときに理想としている自分になっていたらいいな」

そんな話をお客さんにしたりする。

どんな仕事でもやると覚悟すれば、自ずと道は開ける

前田稔（山一證券投資信託委託・投信運用本部第三運用部長→自営ディーラー）

人事異動の発表日に、女子社員が配った座席表を見ると、前田稔は「シニアマネージャー」から、ただの「マネージャー」に降格されていた。あれっ、と座席表を見返したが、確かにそう変わっていて、机も平社員の隣になっている。部長から課長クラスに落ちたようなものだ。

「どうしたんですか？」

「何かあったんでしょうかね？」

社内の同僚たちから次々と電話がかかってきたが、事前に何の話もなかったので答えようがなかった。通告なしの降格人事である。

山一が破綻して二年になろうとしている。山一の優良子会社だった山一證券投資信託委託には、旧三和銀行系の人材が乗り込み、リストラが続いていた。前項の髙野将人が目撃した「屈辱」の光景である。

前田はもともと山一證券の採用で、この子会社に出向して株式運用を担当していた。腕の

良いファンドマネージャーとして知られ、次期役員候補の筆頭に挙げられていた。それが給料をカットされ、末席近くまで追いやられたことに誰もがびっくりした。

リストラが始まったころは、まだ要の地位にあった。「とりあえず、あなたはいないと困りますから」と言われ、株式運用部長やアクティブ運用部長の職をこなしていた。ところが、若手が抜擢される一方で、年配の幹部たちは一人ずつ追われていく。前田たちの仲間はこんな会話を交わしていた。

「俺はやられてない。まだ大丈夫だよ」

「あれもやられてるな」

「これが植民地支配というものだろうか」

植民地に乗り込んできた人間が、現地の人々を使って支配する、そんな巧みなやり方だと前田も思っていた。彼には、娘の学費や家族の生活費を賄うという差し迫った問題があったが、折を見て辞めるしかない、と決意する。

そして、業務監査部に追いやられていた二〇〇二年三月、早期退職者募集に応じて退職した。翌月から、旧山一の同僚が設立した「オリエント証券」に転じ、契約社員としてディーリング業務に励んだ。まずまずの成績をあげ居心地も良かったが、二〇〇三年九月に退社し、東京都台東区御徒町《おかちまち》に月六万円のレンタルオフィスを借りた。

五五歳だった。オフィスといっても机が二つ。部屋の一角を区切ったブースに過ぎず、そこにパソコンとノートだけを置いて、ネットによるディーリング業務に専念した。一度やってみたいと思っていたのだ。社名はない。社長ただひとりの会社だ。

自宅で始めても良かったのだが、机を持ち、そこへ通勤しなければ火がつかない性分である。それに、「家賃を払ってでもやるぞ」という決意表明でもあった。退職金や貯金を運用資金につぎ込み、信用取引も駆使して、一時はかなり利益を上げた。「俺も仲間に入れてくれ」というモトヤマも現れた。

許容できる最低限の生活レベルを覚悟し、最悪の場合に頼れるセーフティネット——要は親や兄弟、親戚、友人なのだが——があるかどうかを確認する。そして、どんな仕事でもやると覚悟すれば、自ずと道は開けるのではないか。

「人間《じんかん》到る処、青山《せいざん》ありですよ」

そのネット運用は、この一年間は休止状態だという。「なぜ?」と問うと、

「専念して必死にやらないとだめなんですよ。僕のように親の介護をやりながら片手間にというのではね」

生真面目に言った。

人や会社に頼ってはダメだ

齋藤賢治（日本フィッツ・システム統括部主任→ど・みそ代表取締役）

山一破綻の一報は、親戚から受けた。山一の情報処理会社だった日本フィッツに出向して、仕事先で泊まり込んでいるときのことである。クライアントのシステム開発が齋藤の仕事である。千葉工業大学工学部を卒業して山一に入社し、九年目だった。

何が起きているのかさっぱりわからず、直属の上司に電話してもわからない。一部のバカな役員のせいでなぜこんなことになるのか、出先の身には理解ができなかった。

翌年二月末に退職し、その日本フィッツ社長が設立した新会社に移籍して同じ仕事をしていたが、このままでは体を壊してしまうと思っていた。彼らシステム屋は当時、夜中でも呼び出され、盆も正月もない。睡眠時間が二、三時間という日々が続くのである。仕事をすればするほど、仕事が降ってくる。そして、給料は増えない。

一方で、ずっと疑問に思っていたことがあった。なぜ、美味い味噌ラーメン屋はないのか。ラーメン好きなのである。東京には醤油やとんこつ、塩ラーメンを食べさせる店はあったが、味噌ラーメンと言えば白みそベースの北海道系が主流で、齋藤賢治には味噌汁の延長のようにも思えた。

美味いラーメン店がないなら、自分で作ってみてはどうだ。独立心が心の奥にあり、マーケティング分析は仕事の一つだった。三年ほど様々なラーメン屋を食べ歩いて、味と経営手法を見聞きした。人や会社に頼ってはダメだ、と思っていた。

二〇〇五年一月に退職し、ラーメン店修業を経た一年二ヵ月後、東京・京橋に八坪もない店を開く。初めは閑古鳥が鳴いていた。毎日のように味を改良し、赤みそベースの濃厚な味に到達したころ、一日四〇〜五〇杯だったラーメンは、一二〇から一五〇杯も出るようになった。開店準備以来の苦楽やドタバタ、失敗を、彼はブログに明かしている。

〈来春京橋にラーメン店がオープンする！かもね　2005年12月12日〉

と書き始め、開業計画、国民生活金融公庫（現・日本政策金融公庫）から開業資金一二〇〇万円の融資をいかに受けたか、税務申告の悩み、大家とのやり取り、ロゴ決定の理由、特注どんぶりやユニフォームをどうやって選んだか、に至るまでブログで発信した。ラーメンマニアにメディアやネットで取り上げられるとチェックしてお礼やコメントを入れた。

楽しくて仕方なかった。ストレスから解放され、短パンで出勤することもできる。

二〇〇八年に株式会社組織にしたが、「ど根性みそ」を意味する「ど・みそ」は変えなかった。いまでは東京や千葉に七店舗を構え、年商五億円を超えている。

山一にはもう何の思いもない。同期会にも顔を出したことがない。自分の仲間は従業員たちだ。自分自身の直感を頼りに、自分のしたいことは何か、絶えずそれを考えて実行することで、毎日が過ぎていく。

人生は深く考えても仕方ない

三浦律子（財形制度部財形事務→沖縄移住）

高校を卒業すると、特に就職活動もせず山一に入社した。バレー部の先輩から「良い会社だよ」と聞かされていた。働きやすい職場であった。

破綻を迎えたとき、独身で四〇歳目前だった。友人たちも独身が多かったし、家族に結婚しろと言われることもなく、のんびりと生きていた。

スキューバダイビングが趣味で、沖縄によく行っていた。だから破綻のあと、那覇でカフェバーを開いている友人から「手伝ってくれない?」と言われて、思い切って移住を決めた。上司や友人は心配をしてくれたが、念願だったのだ。三月末に業務を終え、五月にはもう移住している。

貯金がどんどんなくなっていったことだけが不安だった。カフェバーのアルバイトで得られる年収は一〇〇万円程度で、山一時代の三分の一である。

でも、深くは考えない。嫌なことがあっても忘れることにしている。落ち込んでも嫌な思いをするのは結局自分だから。沖縄のぬるい空気が自分には合っている。

四四歳で航空自衛隊の整備士と結婚して、調理師やスーパーのパート、レストラン調理補助……楽しく生きるために働いてきた。

二〇一四年一〇月、元山一の友人五人が沖縄まで遊びに来てくれた。破綻する前によく旅行をした仲間たちだ。リゾートホテルに二泊した。「変わらないな」と思う一方で、六〇歳手前の彼女たちの話題は、親の介護が中心だった。こんなに長いときが過ぎても、楽しく会える人間関係をつくってくれた山一に感謝をした。

それに破綻によって、会社という垣根を越えなければ、青い海のそばで暮らす夢を叶えることはできなかっただろう。

第三章　「しんがり」は生きる

やっとすべての仕事を終えた

嘉本《かもと》隆正（社内調査委員会委員長→前田証券顧問）

嘉本隆正は、山一證券が廃業した直後、社内調査委員会を組織して破綻原因を追及した硬骨の元常務である。業務監理本部長だった彼と仲間たちの悪戦を、私は『しんがり』に描いた。

その文庫版が発売された二〇一五年のことだ。本の中で、嘉本たちがまとめた一〇六ページの社内調査報告書を、山一のすべての支店長たちのところへ送った――と書いたところ、異論を唱える者があった。

「俺には報告書は届いていないんだ。ぜひ読みたいものだ」

一八年前のソウル支店長である。一九七〇年に山一に入社した同期四人が千葉県船橋市で飲んでいて、その小さな宴席での会話だった。嘉本のかつての部下で、社内調査委員会に加わっていた長澤正夫もその場にいた。

「そうなのかい」

と長澤は言って、同期会が終わると、その旨を嘉本に伝えた。

調査委員会が報告書を発表したのは、山一の全員が解雇されてから半月後の四月一六日のことで、そのときには支店すべてが閉鎖されていた。このため、支店長たちの自宅に報告書を送付することで社員への報告に代えるしかなかったのだ。だが、海外支店長の場合は送付漏れがあったのだろう。

しばらくして、長澤のもとに、あの元ソウル支店長から連絡があった。

山一證券から茶封筒が届いたというのである。まるで過去から届いたもののようで、元支店長は不思議な気持ちにとらわれた。山一のロゴの茶封筒を開けてみると、中に調査報告書と嘉本からの手紙が入っていた。一八年遅れだが報告書を送ります、と。

嘉本の手紙を読んで、元支店長はすべてを理解した。

「ソウル支店長には調査報告書が届いてない」と長澤から聞いた嘉本は、自宅の奥にあった山一の茶封筒を引っ張り出して、残っていた調査報告書をそこに入れて送ったのだ。

「やっとすべての仕事を終えたような気がした」

と嘉本は漏らした。

嘉本は最後の株主総会を見届けて一九九八年一〇月に山一を去ったあと、四社を転々として九年間働いた。六五歳になったときに、「これからは自分の時間を売らずに生きる」と宣言をした。それから年金で暮らす「由緒正しい貧乏人」を名乗っている。

『しんがり』は二〇一五年秋にＷＯＷＯＷでドラマ化された。監督や脚本家が嘉本たち一二人に話を聞きたいと申し出てきた。嘉本にそれを伝えると、予想通りぴしゃりと断られた。

「どんなお話をしたところで、ドラマは一人歩きするものです。私が関わることではありません」

清廉で頑固なリーダーである。

黄昏《たそがれ》てなんかいられないんだ

郡司由紀子（社内調査委員会事務局→勧角証券検査役）

人生は一度の使いっきりだ。小説が書かれ読まれるのは、人生がただ一度であることへの抗議からだ、ということを作家の北村薫が書いている。

だが、モトヤマの中には、「自分は三度生きている」と語る人もいる。たとえば、郡司由紀子という勝ち気な瞳の独身女性である。

彼女は、最初の人生を山一社員として生きた。企業人としての基礎を学び、自主廃業の事態になると、なぜ、山一が破綻に追い込まれたのか、その原因を知りたいと考え、社内調査委員会を手伝った。清算業務にも従事した。もともと業務監理本部長だった嘉本隆正の秘書役である。「破綻原因を何としても解明してほしい」と強く願っていた。

調査委員会の報告書は、弁護士で社外調査委員の國廣正らの支援を受けた、企業コンプライアンス史に残るレポートである。旧経営陣ら責任者の名前を実名で挙げ、債務隠しの全容とそれを見逃した大蔵省検査のずさんさを指摘した。それが出来上がるのを見守った彼女は、「力を合わせて耐え抜き、為《な》せば成る」ということを身をもって知った。その報告書の発表に立ち会い、最後の株主総会開催を手伝うと、転職へと歩き出す。それから、つまり、四八歳になった一九九八年七月以降が二度目の人生ということになる。

不動産デベロッパーに一年五ヵ月勤めた後、彼女は清算業務センター長だった菊野晋次に誘われて勧角証券に移る。法務室に配属されたが、ある社員から「あなたはここに何をしに来たのか」と言われている。その直前に勧角証券ではリストラを実施しており、そこへ雇われてきた元山一社員に憤りをぶつけたのであろう。

その壁を、彼女は資格を取得して働きながら乗り越えていく。いつも、現状を受け入れることでしか、事態は動かない。外務員資格に始まって、内部管理責任者資格、法学検定、保険、年金、変額保険の販売資格、フィナンシャルプランナー資格と、思い出せないほど多くの資格を取り続け、六年後には会社で女性初の検査役に就いた。

そのころ、自分を奮い立たせるために、「Yes, I can」とつぶやいていた。バラク・オバマが二〇〇八年の米大統領選挙で、「Yes, we can」と使うより三〇年も前に、英会話教室に通って覚えた言葉だ。努力は人を裏切らないのだと思う。

そして六七歳になったいま、第三の人生を歩んでいる。こんな手紙を、彼女は私に送ってきた。きっとモトヤマに宛てたものだったのだろう。

〈それは、子育てをしなかった私が親育てをしていること。第一、第二の会社生活を支えてくれた母が子供に返っているからだ。あんなに気丈であった母が、住所も電話番号も年齢も判らなくなっている。介護度も上がり目が離せない状況が続いているが、現実を受け止め、私なりに母との生活をエンジョイしていくつもりです。

私と同様に介護生活に入られた方も多いと思います。周りからは頑張り過ぎないようにとよく言われますが、頑張るしかないのが現状です。介護生活をしている皆さま、お互いに無理のない範囲で頑張りましょう〉

二年ほど前に、彼女はNHKの特集で元山一役員たちの姿を見た。登場した元役員たちはみんな黄昏《たそがれ》ていた。郡司は哀しいと思った。

会社を率いた者なら、「顔を上げて生きている」と言い続けてほしい。私たちは黄昏てなんかいられないいんだ。

結果自然成《けっかじねんになる》

白岩弘子（営業企画部付店内課長→社内調査委員会事務局・清算業務センター）

艱難《かんなん》が忍耐を生み出し、忍耐が練られた品性を生み出し、練られた品性が希望を生み出す

竹内透（検査課次長→証券会社）

社内調査委員会には、嘉本隆正以下、業務管理部長の長澤正夫、検査課次長の竹内透ら九人が加わっている。土日を返上し、事実解明と公表のために無制限の残業を続けた。嘉本ら四人の役員は初めの三ヵ月間、無給である。このうちエクイティ本部長で常務だった橋詰武敏は、自動車部品商社役員に転じた後、二〇一二年の大晦日の夜に白血病で亡くなった。

竹内は山一の「簿外債務管理人」を突き止め、社内調査を牽引した強情なクリスチャンである。彼は社内調査を終えて転職したが、そこでも上司の不正を発見し、厳しく指摘した。そのために上層部から疎《うと》まれたものの逃げ出すこともなく、二〇一七年春、堂々と職場を退

職した。正義感に満ちた反骨者である。彼にとって聖書のすべてが人生訓だ。その中でも心に留めていた言葉がある。

〈艱難《かんなん》が忍耐を生み出し、忍耐が練られた品性を生み出し、練られた品性が希望を生み出す〉

白岩弘子は営業企画部付店内課長のときに破綻を迎えている。その衝撃と社内の混乱を目の当たりにして一週間、嘔吐を繰り返しながら、支店の清算作業を手伝った。

残務整理を終えると、菊野らに請われて社内調査委員会で庶務を受け持ちながら、清算業務プロジェクトチームに加わった。当時、五五歳である。

保有していた山一株三万八〇〇〇株は紙くずとなったが、「事実を受け入れるしか道はない」と思い切って、二〇〇一年三月まで清算業務センターで働いた。彼女の愚痴を聞いた同僚は一人もいない。

彼女はそこで、澱《よど》んでドロドロの人間模様を見たが、「プロジェクトチームのトップたちの真摯な指導の下に、山一はきれいに沈んだ」という感慨を抱いている。

山一が破綻したときに、白岩は「これを早期退職と考えよう」と覚悟したので、センター退職後は再就職しなかった。定年直前に蓄えの多くが消えたため、苦しいことも多かったのである。それでも、「結果自然成《けっかじねんになる》」という禅語を人生訓に、淡々と生きている。やれるだけのことを精一杯やったのだから、あとは自然に任せて前向きに生きるしかないのだ、と。

「しんがり」のメンバーは、破綻の一一月が巡ってくると、戦友会を開く。白髪を清々《すがすが》しく光らせた白岩はたいてい和服に身を包み、宴席の端で静かに微笑んでいる。

お天道様に堂々と顔向けできる仕事をしよう

横山淳《じゅん》（検査課課長代理→テンポスフィナンシャルトラスト部長）

転々としてもいいじゃない。別に一生一つの職場じゃなくても

横山芳子（東大阪支店総務課→歯科助手）

山一が破綻する約四ヵ月前、横山芳子は旅行の計画を立てていた。かつての同僚たちと一泊二日でディズニーランドに行くつもりでいたのだった。すると、夫の淳が「お前は泊まっちゃだめだ」と猛反対した。珍しいことだった。理由をはっきり言わなかったから、難癖をつけられたのだと思っていた。

破綻を迎えた後、その理由を知った。夫は業務管理部最若手の検査役で、破綻の半年近く

前から、山一が「飛ばし」と呼ばれる証券不正に手を染めている、と疑いを深めていた。「お前を旅行に行かせるような心の余裕がなかった」と夫から聞かされたのは、ずっと後になってからだ。

芳子も山一の元社員で、自分の退職金で買った五〇〇〇株の山一株を持っていた。上手く立ち回ればそれを事前に売り抜けることもできただろう。だが、夫が会社の危機を打ち明けることはなく、インサイダー取引をすることもなかった。妻の前で口にすることはないが、「お天道様に堂々と顔向けできる仕事をしよう」というのが淳の信条である。

芳子は短大卒業後、山一の東大阪支店に入社した。翌年、淳が入社してくる。同志社大学を出て、お坊ちゃん然とした風貌だった。テニスサークルで一緒に遊んだ。

一年後、淳は埼玉県の所沢支店開設のため異動をした。付き合いが始まったのは転勤後である。少しへそ曲がりで、要領の悪いところが彼にはある。支店の開店準備で忙しいのに、東京の社員寮から芳子の大阪の自宅に頻繁に電話をかけてきた。芳子は知らなかったが、淳は寮のピンクの公衆電話の上に十円玉を山ほど積み上げ、電話をつないでいた。

山一が破綻すると、淳は上司の嘉本隆正に求められて、社内調査委員会の末席に加わった。それが貧乏くじとわかっていても、頼まれれば断れない性格である。

帰宅は午前零時を過ぎることが多かった。社内調査は、幹部たちの責任を追及することであり、簿外債務の証拠を隠そうという身内の証拠隠滅との闘いである。

芳子はただ待つしかない。不安はあまりなかった。以前から帰りは遅かったので、待つことには慣れていた。夫は社内調査をしながらも、きっと再就職先を見つけるだろう。

「あの人はもともと楽天的で、いつも、まあいいか、と考えるタイプだ」と思っていた。簿外債務のことをかみ砕いて説明してくれる淳に向き直って、芳子は言った。

「転々としてもいいじゃない。別に一生一つの職場じゃなくても」

そうして、自身は歯科助手のパートを始めた。その言葉が心の余裕になったのか、夫は富士証券、シュワブ東京海上証券へと転々とした。ヘッドハンティングされるたびに会社を移ったのだ。シュワブが日本を撤退することになった際は、菊野のいた勧角証券に籍を置いた。不運もあったが、そんなとき、淳はひそかに、相田みつをの言葉を思い浮かべた。

〈しあわせはいつもじぶんのこころがきめる〉

ふと気付くと、夫の「まあいいか」というおおらかさが、芳子にも伝染している。現在の転職先は六社目。その前の職場を辞めたときにはさすがに、「これからどうするの。年も若くないのに」と思ったが、結局、夫は何とかした。そして、二人の子供も育っている。だから、「給料さえちゃんとしてれば、まあいいか」と思うようにしている。破綻後から始めた歯科助手のパートはいまも続いている。時給は二五〇〇円も上がった。

時々、楽天的な夫に腹が立って、言い合いになることがある。最近は、その鬱憤を息子が聞いてくれる。気晴らしは、ディズニーランドに行くことだ。年間パスポートを買って、毎週末、娘と出かけていく。夫は行列に並ぶのが嫌いだが、芳子は待つのは少しも苦にならない。ショーを見るために六時間も座っている。そこにいると、嫌なことが忘れられるのだという。

もしかすると、それはあの日、旅行に猛反対された反動なのかもしれない、と思うときがある。

「死にゃあしないから」

虫明《むしあき》一郎（業務管理部企画課付課長→証券会社リスク管理担当管理職）

虫明一郎は証券会社にあって、工学部卒という異色の経歴である。横浜国立大学工学部で学んだ後、同大学院工学研究科に進んでいる。髪を短く刈り込み、丸みを帯びた眼鏡の奥に、道が違わなければエンジニアになったであろう、穏やかな眼があった。虫明は業務管理部の所属する業務監理本部では最も若い課長職で、従業員組合の副委員長でもあった。

破綻二ヵ月前の一九九七年九月、総会屋の小池隆一に対する利益供与事件で五人の山一幹部が逮捕されると、虫明は東京拘置所に収監された幹部やその家族の世話係を申し出ている。家族には何の罪もない。そんな人たちを拘置所に通わせるわけにはいかなかった。それを引き受ける部署も、人もいないのなら、まだ三五歳の自分が手を挙げるべきだと考えた。虫明にも山一研修部の社員だった妻智恵子と二人の娘がいた。

逮捕された幹部の家に電話して着替えや本、菓子などの差し入れを本社に持ってきてもらった。それを受け取り、小菅《こすげ》や弁護士事務所を往復する日々が続いた。

虫明は社会人になるとき、父の正から手紙をもらっている。「おやじの業務経歴」と題されていた。父は三井造船の土木技術者で、水路測量やゴルフ場建造、植林、横断歩道橋架設などに携わった。

〈別に威張るつもりもないけれど、土木屋としてこんなにも手広くやった人間の実証として、業務経歴を送ります〉

と手紙は始まる。少し右に傾《かし》いだ筆跡で、父の詳細な経歴を記した後、〈パパは好んで人のやらないもの新しいものに意欲的に取り組み、勉強し、研究して、仕事をこなした〉と記されていた。それを虫明は「人のやらないもの、新しいもの、人の嫌がることをしなさい、ということだ」と受け取った。その言葉が拘置所通いの毎日と、その後に迎える大混乱の時期を支えてくれた。父は手紙の最後に〈一郎君も頑張れ〉と書いていた。

経営破綻の前夜は、中央区・新川にある本社ビルの上階にある一室に詰めていた。のちに社内調査委員会の「アジト」となる部屋である。債券・資金本部長から、週末の資金繰りに約一〇〇〇億円の都合がついたという情報を聞いた後に、帰宅をした。テレビをつけたままこたつでうたた寝をしていると、早朝四時に自主廃業の報道が流れた。

資金繰りがついたと聞いたばかりだったので、自主廃業の理由に皆目見当がつかない。妻と話をしていると、ニュースを見た実家から電話がかかってきた。母親の加代は息子を落ち着かせようと思ったのだろうか、軽くこう言った。

「死にゃあしないから」

言われてみればそうだな、と気が楽になった。仕事がなくなったら実家に帰り、学生時代のバイトのように土木作業員をやりながら暮らせばいい。

直属の上司で管理部長である長澤正夫に電話を入れ、少し開き直った気持ちで午前六時に出社した。その日から、虫明の「しんがり」としての日々が始まった。

虫明が所属する業務監理本部は社内監査部門で、支店に指示したり、応援や清算業務をしたりするところではない。だが、本社の機能は廃業ショックと三連休で麻痺しかけていた。このままでは、連休明けの一一月二五日に支店が開いたとたんに、顧客が押し寄せてパニックになる。

よし、俺たちで引き受けよう。長澤や企画課長の印出《いんで》正二、そして虫明は業務監理本部を中心に清算に向けたチームを急遽、結成し、二四兆円の預かり資産を返却する体制を作った。

さらに社内七部門で「顧客取引清算プロジェクト事務局（後の清算業務センター）」を組

織し、支店からの引き継ぎに始まって、清算社員の確保、証券返却方法の検討、外部の顧問委員会への報告と折衝、大蔵省への相談に至るまで、本来なら役員や企画室幹部がやるべきことを背負って駆け回った。そのとき、社長の野澤正平は呆然として、指揮どころではなかった。司令塔が心神喪失の状態にあったのだった。虫明や菊野らは顧問委員会や大蔵省に直接、判断を求めるしかなく、さらに重い荷を背負った。

ちなみに、もしあれが心神喪失を装っていたのであれば、そのタヌキぶりには呆れるしかない、と虫明は言う。

「草莽崛起《そうもうくっき》」という思想が吉田松陰にある。在野の人々に、一斉に立ち上がって維新へと決起せよ、と促した。

ただの課長職に過ぎなかった自分が二四兆円を返却する組織を編成できた——。あれは自分の草莽崛起だったな、と虫明は思う。もちろん、業務監理本部長の嘉本隆正や、清算業務センター長を引き受けた菊野晋次の支えがあってできたことだが。

虫明は清算業務センターの事務局で働き、翌一九九八年六月末に山一の株主総会を見届けると、外資系証券会社に移った。三年後、そこで大リストラが行われる。今度は彼がリストラをする側だった。苦い役目だったが、父の言葉が胸にあった。いまはリスク管理担当として働いている。

山一に勤めたことを恥じたり、あるいは隠したりしたことは、一度もない。早期に山一を去った役員に、当時は憤りを感じていた。だが、あとで振り返ってみると、それぞれに個別の事情があり価値観も異なるのだと思い直した。

二〇一四年九月に亡くなった父は高卒という学歴で苦労をしたせいか、息子には大学を出て上場企業で役員になることを望んでいたようだ。生きているうちにその夢を叶えることはできなかったが、『しんがり　山一證券　最後の12人』に虫明の姿が描かれたことを喜び、息子が登場する場面には一つ一つ付箋を貼っていた。

母が言った「死にゃあしないから」という言葉は、いつの間にか家族全員の口癖になっている。誰かに大変なことが起こると、家族が声をかける。

「死にゃあしないから」

「そうだねえ」

言われた方もそう言って、ふわっと収まる。

妻とは二〇一五年に銀婚式を迎え、パリ旅行をした。娘たちも就職をし、着実に自分の道を歩んでいる。家族自慢は照れくさいが、どこに出しても恥ずかしくない妻と娘だと思っている。

モトヤマの人たちは、いま幸せなのだろうか、と五五歳になるいま、改めて考えてみた。虫明の周りにいる人は、破綻後も幸せだと言える人が多い。だがそれは、いま幸せだから積極的にモトヤマ同士で連絡を取り合うことができるのであって、その裏には不幸とまでは言わないが、あまり幸せではないサイレント・マジョリティがいるのではないか。

最近、従業員組合の元幹部と話をしたとき、「一番神楽」の話になった。一番神楽とは伊勢神宮の氏子代表を指し、皇室に次いでお祓いとお神酒を拝領する、高い栄誉を与えられる。伊勢神宮がお金に窮したときに、山一を創業した小池国三が莫大な寄付をして、見返りにその栄誉に浴したと社内では伝わっている。山一の一番神楽は続いた。あるとき、「経営の神様」と言われたパナソニック創業者の松下幸之助から一番神楽を譲ってほしいと打診され、断ったという逸話もある。

元日には、山一の代表者がお参りをし、お札をもらってくる。これが顧客にも好評で、必要枚数を営業店ごとに集計し、営業マンが配って歩いた。破綻後、一番神楽はどうなったのか。山一とともに消滅してしまったのだと虫明は考えている。

そんな思い出話をしていると、組合の元幹部が言った。

「大蔵省じゃなくて、伊勢神宮にお願いに行ってたら、潰れんかったかもしれんなあ」

こういう冗談を言い合えるのも、いまが幸せだからかもしれない。

切り抜ければ光がある

印出《いんで》正二（業務管理部企画課長→信託銀行関連会社）

印出正二は破綻の一ヵ月半前、業務管理部に新設された企画課長に就いた。法務部にいたのだが、業務監理本部長だった嘉本から「戦力強化」のために引っ張られたのだ。

社内には「通勤電車の中で小六法を繰っている男」という伝説があった。営業現場でトラブルがあると、法律と現実に沿った結論を厳格に下すので、「印出検事」という異名を取っていた。

こうした人材が破綻直前に業務監理本部に集まったところに運命の皮肉がある。彼は前掲の虫明らとともに、一一月二四日の自主廃業宣言直後の修羅場を切り抜ける決定的な役割を担う。それは自らリスクを取る越権行為だった。

社長の野澤が号泣会見を開いているとき、印出は混乱する本社に行き、経営企画室を訪れている。清算に向けた司令塔であるべき組織だ。ところが、幹部たちは大粒の涙を流して我を失っていた。

「社員にどう説明するんですか。支店は指示を待っています」

印出の問いに返事はなかった。彼や上司の長澤は愕然とする。社内のエリート集団が何というざまだ。すでに客から問い合わせが相次ぎ、明日二五日は本支店に客が殺到するのだ。支店を助けなければならない。

「私、やりますよ」

印出は宣言し、虫明らと手分けして支店を担当する事務指導部や営業企画部、債券部などを回った。七人ほどの有志を募り、本社会議室に清算に向けた緊急の業務対応チームを設ける。新たな電話を引き、パソコンを次々と持ち込んだ。さらに、本社地下一階のサテライトスタジオに駆けつけ、本支店向けのＣＳ放送で清算とトラブル問い合わせ窓口を設けたことを伝えた。

印出は応接室のソファで寝て、そこに陣取る。予想通り、翌日、支店や各部門から電話が殺到した。

「苦情にどう対応したらいいか」

「顧客から特殊な申し出があったが、これは出金してもいいのか」

問い合わせが来るたびに法令解釈をして即答した。息をつく暇のない日が過ぎ、長澤が「このチームが取締役会で正式に承認されたよ」と笑顔で報告にやって来た。土壇場の取締役会とはそんなものだったのである。

四、五日ほどして支店の混乱が収まると、臨時のチームは撤収し、メンバーたちは握手を交わして職場に散っていった。修羅場で燃えた同志とはそれっきりだ。

印出は、菊野の下で清算作業を手伝った後、信託銀行のコンプライアンス・リスク管理室調査役に転職した。妻は一人目の子を宿していたが、何も言わずに見守っていた。わかってくれているのだろう。印出はあれ以来、確信を持っている。

どんなことがあっても、頑張って切り抜ければ、そこに光がある。

「あなたの人生だから、あなたの思い通りやれば」

長澤正夫（業務管理部長→ジーク証券取締役）

他人《ひと》様にご迷惑はかけない

長澤理恵子（新宿支店）

仲間たちが、長澤理恵子の死を知ったのは、四十九日法要も終わった二〇一五年秋のことである。夫の正夫は山一の元同僚や親戚にも連絡せず、自宅近くの家族葬専門の斎場で列席者九人という、小さな葬儀を営んでいた。

「私のことで他人様《ひと》にご迷惑はかけないでね」

理恵子はいつもそう言っていた。律儀で優しい夫婦らしい始末のつけ方だ、と仲間たちは思った。「水くさいじゃないか」という声は誰からもあがらなかった。

その長澤が独りになり百箇日を過ぎるころになると、急に妻の思い出を話すようになった。これはわしらの出番じゃな、と業務監理本部の仲間だった菊野晋次や郡司由紀子たちは、頻繁に居酒屋に誘い出すことにした。

その夜は、店先に黄色の提灯をぶら下げた「ちょっぷく」にいた。地下鉄人形町駅から八〇メートルほど歩いた路地の入り口にある。ビールや酎ハイ、つまみのすべてが三〇〇円、運の良い日はマグロの刺身も三〇〇円で食べられる。山一證券から転職した後、愚痴を吐き出してきた酒場だ。

長澤は社内調査委員会のナンバー3で、事務局長のような役割を果たしてきた。調査委員会で膨大な報告書をまとめた後も、山一に留まって最後の株主総会の事務局員を務めた。彼らを支え、清算業務センター長だった菊野が、長澤の肩を叩いた。

「マサオ、元気出さんとな」

すると、長澤は「大丈夫です。いまも妻が一緒にいるんです」と言い出して、皆を驚かせた。

「今日も出かける前に妻と話をしてきたんですよ」

沈みかけた空気をかき消すように、菊野は「そうか、そうか」と笑い飛ばした。眼鏡の奥の長澤の眼が瞬いている。

長澤は一九九八年六月末、山一の廃業を決める株主総会を見届けると、五一歳で山一を去った。山一の上司の世話で翌月、安田火災海上保険（現・損害保険ジャパン日本興亜）に就職し、その後、菊野のいた勧角証券に入った。さらにジーク証券（現・リーディング証券）の取締役に就いて六二歳で退職した。

転職のたびに、四歳年下の理恵子に「あんた、どう思う」と問いかけてきた。返ってくる言葉はいつも一つだった。

「あなたの人生だから、あなたの思い通りにするといいわ」

だから、好きなように生きることができた。

彼女も山一證券新宿支店で働いていた。長澤は新宿支店から本社人事部に異動になった後、彼女から直接相談を受けた。「別の支店に移れないか」というのである。人間関係で悩んでいたらしい。だが、社員個人の人事要望をいちいち聞いていては仕事にならない。それで気になり始め、好きになって、とうとうプロポーズした。

理恵子が、「あなたの思い通りに」と言ったのには理由がある。一つは、長澤が義理や人情を重んじる人間だったからである。社会に対する体裁ではなくて自分の中にある義理を重んじる。それが夫の美意識なのであれば、口出しをすることはできないというのだった。

もう一つは、山一が破綻したことでサラリーマンとして一度幕引きをした、という思いが彼女にもあった。「だから、生活さえできればあとは夫が好きなように生きればいいと思った」という。

どうしたことか、二〇一四年の春ごろから、理恵子は身辺整理を始めていた。夏になると、東京・上野の寛永寺に眠りたいと言い出し、遺影や斎場も指定した。いまになって思うと、あれは「終活」というものだったのだろう。

「参列者は、あなたと子供たちだけにしてね」と言っていた。

彼女は二〇一五年八月、前触れもなく寝室で倒れ、脳梗塞と診断された。意識はあったが、言葉は出ない。病院の看護師さんが、「奥様には聞こえていますよ」というので長澤は話しかけた。

「いままで迷惑をかけてごめんね」

すると、妻の唇が動いた。違うよ、と言っている。

「今度は私がお前さんの面倒を見るよ」

ありがとう、とまた唇が言った。翌日の夜になって心拍数が落ち、彼女は音もなく息を引き取った。「他人様に迷惑をかけたくない」というのは長澤が山一破綻後、何度も言ってきた言葉でもあった。だから、彼女の遺志を守ろうと長澤は思った。

長澤は山一退職の後、毎年、理恵子と海外旅行に行った。その思い出があまりに瑞々《みずみず》しかったから、いまでも長澤はテレビで旅番組を見ると、妻の遺影に語りかける。一緒に行った気分になる。

「ちょっぷく」で、彼は珍しく枡酒を口にしていた。酔ったのを見て私は聞いた。

「この二〇年間、許せないと思ったことはありますか？」

山一や仕事にからむことを想定したのだが、長澤は「私的なことですが」と断って、真顔で答えた。

「理恵子が私を置いて旅立ったことです」

そして続けた。

「ただ、微笑んで逝ったので救われています。彼岸には、彼女の母親や愛犬タロもいるので寂しくはないと言っていましたから」

そのそばで菊野と郡司が「うんうん」とうなずいている。長澤は転居を考えていた。神奈川と埼玉に住む二人の子供から、「こっちの近くに住んでよ」と言われているので、その真ん中あたりにはどうですかね、と菊野に尋ねた。そのうちに妻と過ごした家を離れることになるだろう。

だがそれほど寂しくはない。思い出を打ち明ける飲み友達も長澤にはいる。

第四章　背負って生きるということ

「仲間じゃないか」

飯田善輝（代表取締役常務→前田証券社長）

一九九七年一一月二二日という日は、山一の役員にとって最も長い一日となった。社長の野澤正平は新聞やテレビで報じられたことを受けて、午前八時から臨時取締役会を開き、二六〇〇億円の債務隠しを続けていたことや、三日前に大蔵省から自主廃業を迫られたことを、役員に初めて明かしている。

取締役会の席で、飯田善輝は驚きと屈辱に顔を朱に染めていた。山一では野澤と会長の五月女正治、それに常務の飯田の三人が代表取締役の肩書を持っていたが、社長側近が共有したこれらの秘密を、大阪駐在の飯田は知らされていなかった。蚊帳の外だったのである。

――俺の代表権はお飾りなのか！　どの面下げて、お客さんや社員に謝ればいいのか。

飯田は別室で野澤や五月女に向かって怒鳴りつけ、取締役会でも机を叩かんばかりに激しく問いただした。そのときの臨時取締役会メモに彼の発言が記録されている。

「営業体で（債務隠しの）噂はずっとあった。延命（隆）副社長は『ない』と言ってきた。役員と社員をだまし続けてきたということか」

それから二日後、自主廃業が正式に発表される。全国の山一支店には午前八時にシャッターが開くと同時になだれ込んだ人の波が渦巻いた。

騒ぎが一段落したころ、山一證券北九州支店に、「ゼンリン」社長の大迫忍が一人、姿を現した。彼が乗ってきた車には、パンや握り飯、飲み物などが山のように積まれていた。

ゼンリンは地元に本社を置く日本最大手の住宅地図会社で、飯田が山一の西部本部長だった時代に、幹事証券会社として福岡証券取引所に上場したいきさつがある。二代目の大迫は、地元小倉の英雄・無法松を愛し、義理と人情を重んじる痩身、強面の経営者だった。世話焼きなので「駆け込み寺」とも呼ばれていた。かなりの山一株を保有していたが、山一の経営不振が噂され、株価が急落したときも売りに走らず、個人で山一株を買い支えていた。

廃業発表の日から二週間、大迫は差し入れを続け、清算業務を続ける山一社員を励ました。支店長の中原慎一がお礼を言うと、

「お互い仲間じゃないか。大変なことになったが、元気に頑張って下さい」

と笑った。その話を聞いて、飯田は胸を熱くした。

大迫は傷心の飯田に、「自分のことは捨て、会社の清算業務と社員と家族のことを優先しなさい」と励まし、山一の社員約二〇人を中途採用してくれた。そのうえ、山一系列で赤字会社だった山丸証券の株も、山一グループ保有分を個人で肩代わりした。恩返しの気持ちを込めた大迫の投資額は一〇億円を超えたという。

飯田は清算業務のメドがつくと、福岡市に本社を置く前田証券（現・ふくおか証券）に請われ社長に就いている。それから一二年間、飯田は福岡に住み、時間があると、大迫と酒を酌み交わした。大迫は村田英雄の『無法松の一生』を好んで歌い、時々、宮沢賢治の詩を吟じた。

〈雨にも負けず　風にも負けず　決して怒らず　いつも静かに笑っている〉

それは「仲間じゃないか」という言葉とともに、飯田のその後二〇年を支える詩となった。大迫は二〇〇五年に五九歳で亡くなった。大迫の追想記に、飯田は「私の恩師」という一文を送り、二九年にわたる交遊を締めくくっている。

二〇一七年は大迫の十三回忌にあたる。北海道旭川市に住む飯田は六月、福岡で営まれた年忌法要に駆けつけ、「そのうちに、私も大迫さんのいる世界に行きます。必ず笑顔で会って下さい」と、〝最後の無法松〟に呼び掛けた。

人を裏切らない

西田直基（従業員組合書記長→ソニー生命保険部長）

山一破綻が報じられた一一月二二日に、団体交渉を求めて経営陣に怒声を浴びせたのが従業員組合だった。書記長の西田直基たちの怒りの前に、社長の野澤は思わず、「社員は悪くありません。一部の役員が悪いんです」と漏らした。

そのとき、「社長！　こんなところで、そんな話をしてもしょうがないです」と若い執行役員が泣きながら詰め寄った。「社員が悪くないのであれば、公の場で言ってほしいんです」

それが二日後に開かれた野澤の涙の記者会見につながっている。社長は約束通りに、公の場で、「社員は悪くありませんから」と叫んだ。

専従の組合執行役員たちは、それを聞いた後、会社が閉鎖する一九九八年三月末まで本社にとどまり、それから転職先に散っていった。社員より先に再就職しない、というのが彼らの矜持《きょうじ》であった。西田は怒りを押し殺して保険業界に転じる。驚いたことにお客がそのまま自分の保険の顧客になってくれた。ありがたかった。信じれば報われる。人間は一人では生きていけない。山一に何事もなければ気付かなかったことかもしれない。

西田は組合専従の期間を除いて、営業畑を歩いて来た。

「同僚だけではなく、お客さんは絶対に裏切れない、信義こそが大事です」

と電話口で話した。その西田たちに対して、私は改めてインタビューに応じてもらえないかと求めた。

しばらくして西田から見事な毛筆の手紙が届いた。それにはこうあった。

〈従業員組合は経営に対するチェック機能を有しています。結果として、その機能が果たせなかったこと、書記長として忸怩たる思いがございます。

あのとき、従業員組合の視座から、何が起こっていたのか、組合最後の書記長として自らの手で、記録として残さなければならない責任があるとは自覚しております〉

「責任」の二文字に、西田が生きた二〇年の重さがにじんでいる。

まだ慎みたい

濱田直之（従業員組合委員長→投資信託会社役員）

濱田直之は一九八七年入社で、山一従業員組合の最後の委員長である。そのまま山一が存続していれば、経営を左右する立場になった、と言われている。

会社が閉鎖された翌年四月から、役員だった高橋秀雄とともに安田火災グローバル投信投資顧問に勤め、現在は世界的な投資信託会社の役員に就いている。「人望厚く、山一の人材の豊かさを示す一人です」と高橋は言った。知人らを通じて、濱田に取材を求めたが、彼の答えは次のようなものだった。

「取材の趣旨は十分に理解しているものの、私的な思いに触れる事はまだ慎みたいのです」

成功しているかどうかにかかわらず、いまだ語らず、というモトヤマは少なくない。

土壇場では逃げなかった

正富芳信（事業法人部→情報通信会社）

当時三六歳、管理職でもなかったから、正富芳信は経営破綻の責任を取る立場にはない。だが、山一の同期会に行くと、「A級戦犯」となじられてきた。

「阪和興業の損失を会社ぐるみで隠していたんだろう。お前、どういうことなんだ」

一九八三年に入社した同期の元社員たちはそう批判するのである。俺たちの会社をよくも破綻へと導いてくれたな、と。

阪和興業は、バブル期に財テク企業として名を馳せた鉄鋼商社である。正富は山一の事業法人部で、破綻までの六年間、阪和興業を担当していた。

「A級戦犯」という誹《そし》りに対して、正富にも「前任者や前々任者らの責任はどうなるのか」という思いはある。旧経営陣をはじめ何十人という幹部が山一の「飛ばし」や簿外債務隠しに関与し、出世した後、責任を取らずに逃げ出している。だが、そうした言い訳や非難を彼自身はこれまでぐっと飲み込んできた。

正富は支店営業で同期のトップに立ったエリートの一人である。二五歳で本社の事業法人

第三部に抜擢され、以来、山一の主流派である事法畑を歩く。その中にいて、顧客企業への損失補塡や「飛ばし」の秘密も当然のように知ることになった。中でも彼が通ったのが幹事先である阪和興業である。事法の中で、最大の取引先だった。正富が言う。

「しかし、阪和興業を担当したときはすでに、一六〇〇億円あったファンド（運用資金）が、八六〇億円くらいになって（損失を抱えて）いました。阪和興業の前任と前々任の担当が（運用を）ガチャガチャやりすぎちゃったみたいで悪くなっていた。その段階で僕が引き継いだんです。最初のうちは何とかやっていたんですが、上手く修復ができなくなっていきました」

その述懐について、少し説明を加えよう。

山一の事業法人部は、阪和興業に対して、「ニギリ」と呼ぶ利回り補償を約束して運用を一任させ、多額の利益を上げていた。ちなみに、ニギリは証券取引法違反である。ところが、バブルが崩壊して株価が急落すると、一任運用のニギリ口座に巨額の損失が生じる。阪和興業のファンドも例外ではなかった。

運用の損失は本来、相手の事業会社が背負い、決算期に明らかにすべきものである。だが、山一は不正なニギリ契約を結んでいる。事業会社はその損失を決算書に記載するわけがなく、山一としては他の企業に一時的に疎開（飛ばし）させて大蔵検査をごまかし、損失隠しを続けるしかなくなる。

「阪和興業を担当したときも、少しずつでもやっていけば何とかなる、五年、一〇年で回復させたいと思っていました。当時、阪和は北茂さんが社長でしたけど、毎日行っていました。担当だけではダメで、本部長や社長にトップ外交もやってもらいました。

紙に書いた契約書があったんです。山一の役員の名前が書いてあって、向こうの社長の名前、いくら預かったか、落とし（利益）はいくらか、期間はいつかと、そういう確定利回り何％で金額はこうなりますという内容です。ニギリをした会社は、阪和興業ばかりではなく、そういう紙がすべてにあったんですよ。念書みたいに必ず一筆書いています。監査が入って見つかるとヤバいので、みんな自宅に持ち帰っていましたね。現物が見つかるとアウトなんで」

このニギリ契約書があるために、顧客側は山一に対して、早急に損失補塡をするように求める。山一は突っぱね、「飛ばし」を続けた。巨額の損失が決算期をまたぎながら、別の企業を転々と移動し、「宇宙遊泳」と呼ばれる債務隠しが日常化する。

「しかし、新聞に出たときから、（念書を）書くのは絶対まずいとなりました。相手の会社にも、そういう紙（ニギリ契約書）の存在はまずいという意識を持ってもらえるようになって、後半はトップ同士の口約束みたいになりましたね。とにかく何度も『必ず約束を守ります』と法人資金運用部長が行って約束していました」

そして、一九九七年四月、「週刊東洋経済」誌上に、阪和興業社長室で行われた山一との秘密会談が暴露される。会長だった行平次雄も出席し、一〇九三億円の損失について、阪和興業に補塡をすることを約束した、という内容であった。山一の経営破綻はそれから約七ヵ月後のことだ。大蔵省も山一の債務隠しを見過ごせなくなっていたのである。

自主廃業が決まると、事業法人部門の社員は次々と再就職を決め、会社に来なくなった。正富は何日も泣いた後、翌年三月に全員解雇されるまで残った。担当した会社を回って頭を下げ、求人情報を聞き取っては山一社内の「再就職掲示板」に求人票を掲示していった。

「四〇〇人くらいは再就職に協力できたと思います。A級戦犯の身としては、そこまでしないと同期社員に顔が立たない。自分だけさっさと再就職するわけにいかなかった」

彼自身は三ヵ月無職を通した後、大手広告代理店に再就職し、いまは、情報通信会社の事業企画部で働いている。もう少し時間があれば、もう少し自分に力があったらばと思うことがある。

山一の次の一〇〇〇年に向けて馬車馬のように働き、そのために殉職しても悔いはない、と頑張っていた。山一をアメリカの投資銀行のようにしたかったが、それは夢に終わった。「無念だ」という思いは消えることがない。その一方で、土壇場では逃げない事法マンだった、という満足を感じている。

あの涙で救われたという人もいます

野澤正平（社長→日産センチュリー証券社長）

野澤正平は山一證券が東京地裁で破産宣告を受けた一九九九年六月に社長を退任し、翌年三月にIT系技術会社の社長に就任した。その後、日産センチュリー証券社長やコンサルタント会社の役員などにも就いている。号泣会見で注目を浴びた素朴な人柄と長いどぶ板営業の経験を活かし、一時は講演会や雑誌、テレビにも登場した。

病気で入院した後、私は彼と電話で話をした。号泣会見の理由について触れたときの言葉が印象的だった。前掲のように、従業員組合は最後の団交の〝約束〟に沿って、野澤が会見で叫んだと受け止めているが、野澤の中では少し違うようだ。

「そんな意識もあったかもしれませんが、あれはスポーツ選手が頑張ったけどダメだったというような悔しさと、グループ社員と家族の三万人が路頭に迷うことを思うと涙が出てきたんです。記者会見しているうちにね」。そして、こう付け加えた。

「でも、あの涙で（再就職の際）救われたという人もいます」

山一OBの中には、「社長のくせになぜ泣いた！」と叱責する者もいたが、涙によって人を救えたという若干の満足が、彼を支えているように見える。

現在七九歳。知人にはこう漏らしている。「山一マンの平均寿命は六五、六歳というところらしい。でもそれを突き抜けると、長生きするようだよ」。いまも複数の社外取締役を務めているが、転んでけがをしたりして、多難な人生を過ごしている。

金は貯まらなかったが人は貯まった

仁張暢男《にんばりのぶお》（営業本部担当常務→アリコジャパンマネージャー）

仁張暢男は京都生まれの多弁な洒落者である。瘦身《そうしん》の胸をそらして、「出たとこ勝負だっ」という明るさを備え、「私はやらずの仁張、やらせの仁張を任じてきました」と笑って言う。自分はやらずに、相手にやらせてその能力を引き出してきた、というのだ。一方で、読書やクラシック音楽鑑賞を趣味とする繊細な一面を持っている。

一九六八年に入社し、金沢支店に配属されて以降、個人営業畑を歩んできた。尼崎、岐阜、京都支店長、西部・四国本部長を経て五〇歳で取締役に就任している。そして、野澤が社長になった一九九七年八月の人事で、常務に昇進した。

簿外債務という山一の重大な秘密を知らされないまま、再建に奔走した役員である。破綻直前の一一月初めには、海外畑の取締役・杉山元治《げんじ》と二人でロンドンに行き、低迷打開の目玉商品をつくれないかと模索している。

だから、一一月一九日に開かれた緊急の役員懇談会で、「当社には、おおむね二千数百億円の含み損があります」と野澤に打ち明けられたときは、仰天した。それでも、社長は、「まだ四三〇〇億円の自己資本があるから債務超過にはならない」と言った。仁張たちは何かできることがあるはずだと、リストラ策などを実施するよう迫っている。「含み損」と表現した野澤の言い訳にすがっていたのである。

だが、含み損とは、実際にはペーパーカンパニーを利用した簿外債務隠しに過ぎなかった。それを知るのは、自主廃業の寸前であった。憤怒の後で、深い自責の念が残った。このような事実をなぜ、もっと早く知ることができなかったのか、追及しなかったのか。いまでも悔いが残り、おのれに罪ありという思いを引きずっている。

会社が破綻すると、一部の飲食店はすぐに請求書を送り付けてきた。預り資産の優先引き出しを要求してきた馴染みの銀行があり、それより以前に、山一株をイの一番に売却して見殺しにした企業があった。同業の証券会社は山一の顧客を奪おうと支店前で争奪戦を演じ、そうした修羅場で、さっさと辞めて再就職した役員もいた。

創業一〇〇年の老舗も倒れれば斯くの如しだ。誰も責められない。

営業本部担当だった仁張は、部支店の清算活動に全国の支店を飛び回った。社員を慰労し、彼らの再就職先を探した。破綻後、役員は無報酬となったため、貯えは底を突いた。

翌年四月いっぱいを残務処理と清算業務センターへの引き継ぎに費やしている間に、嘉本隆正率いる社内調査委員会が「社内調査報告書」を公表した。それで初めて会社の秘事のすべてを知った。

破綻という土壇場に遭遇すると、人間の地や品性があぶり出される。多くの社員は最後まで業務を全うしてくれた。その生真面目さと、調査委員の律儀さこそが山一の誇りであると強く胸を打たれた。調査報告書に描かれた山一廃業の歴史的事実を、一つの警鐘として受け止めてほしい、と彼は言う。

仁張は四月末に辞表を出し、医療系学校法人の事務局長を務めた後、アリコジャパン(現・メットライフ生命保険)に転職した。外資系企業に勤めて世界の広さを知った。完全な個人プレーで会社に対する忠誠心はさほど感じられない。会社とは何なのか、誰のものなのかと考え込んだ。いまでもその答えは出ない。

仁張には、元神戸銀行に勤務していた友人がいる。神戸銀行はその後、太陽神戸銀行となり、いまは三井住友銀行に吸収されて、その名も消えてしまった。友人は「俺の銀行は生きているのだろうか、死んだのだろうか」と漏らすときがある。

その点、山一は一瞬で消えてしまったので、元社員たちが会社に抱く思い入れは異常なほど強く、いまに続く団結の源となっている。メガバンクや大手証券は、野村證券のようなどく一部を除いて、次々と合従連衡《がっしょうれんこう》を続けている。そうした合併企業に情を託すことができるのだろうか、と仁張は思う。

不正があったということを棚に上げると、一瞬で消えて愛社精神だけが美しく残ることは悪くはない。そして、たくさんの友人たちがいる。

二〇〇二年、がんを患い胃を全摘出し、五年生存率が三〇％と告知された。「もう仁張も終わりだ」と、友人たちが見舞いに来た。中には胃もない自分に饅頭を持ってきた友人もいた。そういう能天気を装う連中に囲まれていたから、闘病生活も明るく耐えられたような気がする。全国あちこちを旅して友人と会うが、金のあるやつが払うということになっている。昔、絶対にお金を払わせない先輩がいたが、いまでも自分たちの間には割り勘ということがほとんどない。

金は貯まらなかったが人は貯まった。以《も》って瞑《めい》すべしだ。

病気を機に、自分の気持ちに変化が生じた。破綻後は、経営陣の一角を担った身として閉門蟄居《ちっきょ》し、人知れず暮らしていくべきか、あるいは、「さすが元山一の役員だ」と表舞台で活躍すべきなのか、随分と悩んだ。だが、胃がんの手術後は、誰に何を言われようが、自分らしく生きようと開き直った。

「低く暮らし、高く思う」という姿勢でいまを生きている。振り返ると、五〇歳を過ぎて、阪神大震災と会社破綻、がん手術を経験している。異変をくぐり抜け、歳を重ねれば、わがままに自分勝手な道を行くべしだ。社内結婚をした妻や二人の子供に苦労をかけた。計一二回も転勤をし、子供を転校させて、妻にはそのたびに生活をリセットさせてしまった。

七二歳になったいま、母が昔詠んだ和歌を思い出す。

〈誇るもの一つだになき六十年　子のやさしさがせめてのものか〉

いまはまさにその心境で家族と暮らしている。

納得のいく失敗をしよう

永井清一《きよかず》（総務部長→フリービット常勤監査役）

横一二〇センチ、縦九〇センチ。白地に屋号の「ヘ一」が赤く染められた社旗は染みひとつない。それは一九九七年一一月に新調され、山一證券では使われないまま、モトヤマたちのそれぞれの自宅に仕舞われている。

この年は山一の創業一〇〇周年にあたっていた。ところが、四月一五日の記念日の四日前、総会屋への利益供与事件で、山一はいきなり大蔵省証券取引等監視委員会に踏み込まれる。夏には東京地検特捜部の家宅捜索を受け、前社長の三木淳夫までが逮捕されてしまった。そのうえ、罪もない顧客相談室長の樽谷《たるたに》紘一郎が何者かに刺殺されて、一〇〇周年の祝賀ムードはどこへやら、老舗の暖簾はすっかり傷ついてしまった。

一〇月に着任した新総務部長の永井清一は社旗までが薄汚れているのを見て、これではだめだと、社旗と小旗、それに国旗をなじみの旗屋に注文した。

社旗は、「証券業　山一證券株式會社」の金看板とともに、「シマ（島）」と呼ばれた株の街で一世紀を生き抜いた会社のシンボルである。何も知らない社員の期待が、真新しい旗に込められようとしていた。

だがそのころ、二六〇〇億円の債務隠しを続ける会社は、破綻へと加速を強めていた。社長に担ぎ出された野澤正平が号泣しながら自主廃業を発表したのは、社旗を注文してわずか一ヵ月半の後である。

大混乱に陥ったとき、発注した社旗はまだ届いていなかったから、約二〇万円の代金も払われていない。心配した旗屋から総務部に電話がかかってきた。

「旗は、もう作ってしまいました。代金は払っていただけますよね」

「大丈夫ですよ。廃業前にお願いしたことですから、必ずお支払いします。廃業しても、山一には日本銀行がついております」

永井は冗談を飛ばして旗屋をほっとさせたが、さて、真っ新《さら》の社旗や小旗はどうしたものだろう――。自主廃業後、彼と女性社員はそれらを自宅へ持ち帰って保管することにした。

落城した戦国大名の錦の御旗のように。

実は、破綻の半年前から、彼は毎朝、ポストに新聞を取りに行くのが怖かったのだ。

永井は一七年間、大手企業の増資や社債発行を担当する引受業務に従事し、法人顧客への損失補塡や「飛ばし」の実態を認識していたのだった。週刊誌にも〈山一、絶体絶命〉と書かれ、いつかこういう日が来るのではないか、と恐怖心に揺れながら、総務部長に就いたのである。

破綻後はさらに忙しくなった。本社ビルの返還交渉、支店ビルの賃貸契約の解約、什器備品の売却処分、それに特命事項だった最後の株主総会の準備と実施が加わった。

翌一九九八年六月に株主総会をやり遂げると、彼は五三歳でシュウウエムラ化粧品に取締役として招かれ、その後、三和証券やSMBCフレンド証券など計七社を渡り歩いた。すべての職場が温かく迎え入れてくれたわけではない。どこでも外様扱いで、ノウハウと顧客、人脈を置いていけ、とばかりにこれまで獲得してきたものを吸い上げられそうになったこともある。

つまずきそうになると、永井は「納得のいく失敗をしよう」と自分に言い聞かせた。人間は失敗を避けられない。できることをやった末の失敗であれば、くよくよせずにその原因を分析することだ。そして、自分の復元力にかけるしかない。

もう一つ、後ろ指は指されないようにと、彼はずっと心掛けてきた。山一の社旗と最後の総務部長の看板は、意外に重いのである。

第五章　仲間のぬくもり

「人生は別れてからが大切です」

山本真輔（大津支店投資相談課課長→京セラ）

元山一ウーマンという心の灯は消えない

山本裕子（大阪店総務部）

「忘れなければいけない」と「忘れてはいけない」のはざまの中で、この二〇年を過ごしてきたと、山本真輔は言う。その中で脳裏にこびりついた一日がある。

自主廃業を発表した翌日は、三連休が明けた火曜日だった。山本は始発電車に乗って大津支店に出社した。薄墨色の空に星が見える。通用門の前には一人、新聞記者が待ち構えていた。あまりうるさく質問をしてくるので、殴ってしまった。

午前七時過ぎ、社員が出社してきた。まだシャッターを開けていない支店の前に、大勢の顧客や新聞記者、テレビ局のスタッフが集まっていた。騒然とした空気に呑まれ、支店長は半ば統率権を失い、女性社員が泣いた。叩き上げの部長が声を張り上げた。

「さあ、これから山一の葬式だ。成仏できるよう、立派な葬式をあげてやろうや」

九時の開店前に、ブラインドを手で下げて外を見た。道路に客があふれている。山本も職員にハッパをかけた。

「始まるぞ、気合をいれろ！」

顧客にまじって、他の証券会社や銀行が、顧客を奪おうと必死に名刺を配っている。ハイエナのようだ。昼頃になって、テレビ局のスタッフが支店二階の営業部にカメラを無断で持ち込んできた。

「誰に断って入ってきた！　神聖な場所に土足で入ってくるとは何様だ」

山本は怒り、テレビカメラを叩き潰した。

「一〇〇〇万円するんだ。費用請求をするぞ」

と、相手は叫んだ。

連休の前まで預かり資産増加キャンペーンを実施していた。今日からは、いかに早く預かり資産を返却して、支店を閉めるか、それを競う日々だ。価値観がひっくり返った。驚くことばかりだった。近くの公衆電話ボックスに、五億円近い国債を置き忘れた客もいた。そして、それを正直に届けてくれた人がいた。

初日、くたくたになって店を閉めると、夜遅く、ライバルであった野村證券の支店長が部課長を連れてやってきた。白紙に包み、縄で縛った清酒二本を下げていた。そのとき、何を話したかは覚えていない。だが、差し入れの一升瓶を包む紙の白さ、「陣中見舞い」と書かれた熨斗《のし》の墨の黒さ、そして、澄み切った清酒の味は、いまでも夢に見る。

当時、長女が小学一年生、次女はまだ二歳だった。大変なのはこれからだな、と家族の寝顔をじっくり眺めた。

妻の裕子もモトヤマである。退職をして子育てに忙しかった。彼女の視線の先にいた夫は、一人でテレビのニュースを見ていた。その後ろ姿が忘れられない。

――夫は最後まで、山一の復活を想っているんだ。

妻としてできることは常に明るく、笑顔を絶やさず。きっと、山一證券の奥さんたちはみな、そうやって家庭を守っていることだろう。

裕子は山一の研修初日に、大阪店総務部の次長に言われたことを思い出した。「山一の社員という誇り、山一ウーマンという誇りを常に持ちなさい」。その会社も、上司もなくなってしまったが、元山一ウーマンという心の灯は消えない。正々堂々と胸を張って生きていこう、と思った。

そのころ、山本はある証券会社から届いた再就職の書類を見て憤慨していた。そこには、「いままで、法令違反・コンプライアンス違反・不正取引・利益供与があったか」という問いかけがあり、こう続けていた。

「もし、あった場合には、指示をした上司の氏名を記載して下さい」

恨みのある上司がいなかったわけではない。だが、こうなったらスタートは平等でいいのではないか。この土壇場で「仲間を売れ」とは何たる会社だと思った。

自分はいつまで山一の社員でいられるのだろうと考えながら、清算業務を続けた。清算を終えて支店を閉鎖すれば、それだけ早く就職活動ができる。しかし、早期閉鎖した支店をうらやましいと思うよりも、山一の社員でいられなくなる寂しさと悲しさの方が強かった。

他店の同僚も同じ気持ちだったのだろう。よく電話がかかってきた。

「俺たちは終わってしまった。おまえはいいな。まだ山一に残ることができて」

この沈没船にとどまっていたたい、とでもいうのか。複雑な気持ちで仕事を続けた。

やがて、本社から全社員に解雇予告通知が配られた。「山一のために、立派な葬式をあげよう」とみんなを励ました部長が、その通知書を破り捨て、泣き叫んだ。

「会社から首を切られるぐらいなら、自分から辞めてやる」

狂ったように暴れ、数人の男性社員がようやく取り押さえたところに、「ミディさん」と呼ばれる年配の女性外務員が「部長！」と声をかけた。

「自己都合で退職したら退職金が出ないのよ。我慢しないと。子供じゃないんだから」

何度も優しく諭して、暴れていた部長がようやく落ち着いた。高校卒業後から勤め、愛した山一から、会社都合で首にされることは、損得勘定抜きで、彼のプライドが許さなかったのだろう。

山本は清算業務を終え、一九九八年四月に京セラに転職した。三七歳だった。山一で燃え尽きた、という思いもあったが、家族に苦労をかけたくないという一心で仕事をした。新たな職場は温かく、分け隔てなく受け入れてくれた。勤めていた京セラの営業所に、山本を何度も訪ねてきた人物がいた。いつもこう名乗った。

「知人の白石です」

白石信一は、一九九四年四月から廃業の二ヵ月前まで山一の副社長を務めていた。東京駅前の八重洲ブックセンター二階でお茶を飲んだ。

会うたびに白石は口癖のように言った。

「私たちのせいで、皆に苦労をかけてすまない、本当にすまない」

彼も旧経営陣の一人で、巨額の簿外債務の事実と隠蔽を知っていた。

その彼が事あるごとに山本を自宅に招いた。小学生だった山本の長女の蟬捕りに、白石が付き合ってくれたこともある。あるとき、なぜ自分たちに良くしてくれるのかを尋ねた。すると、『後漢書』を引用して言った。

「人生は別れてからが大切です。疾風《しっぷう》に勁草《けいそう》を知るという言葉があります」

速い風が吹いて初めて強い草が見分けられるように、逆境にあって初めて意志のある人間を見分けることができる。山一や仲間たちと一度別れても、こうして訪ねてきてくれる人がいる。

その白石もいまは亡い。山本は二〇二〇年のオリンピックイヤーで定年を迎えるが、自分に正直に歩いてきたここまでの生を振り返ると、遠くまで来たな、という茫漠《ぼうばく》たる思いにとらわれる。

「何かあったらいつでも帰っておいでや」

青柳浩（神戸支店→SMBC日興証券フィナンシャルアドバイザー）

青柳浩は神戸支店で清算業務に携わり、フロアにある電光掲示板から山一の株価ボードが消えていくのをみんなで見送っている。清算作業が続いていたころ、「頑張ってな」と毎日のように顧客が慰問にやって来た。手に弁当やおやつを持ち、中には就職先まで紹介しに来た人もいた。青柳は近所の寿司屋にこう声をかけられている。

「何かあったらいつでも帰っておいでや。近くの証券会社を紹介するからね」

寿司屋は支店の顧客である。それが同郷の隣人のように扱ってくれた。

彼は破綻後、電機メーカーに二年半勤め、その後、金融業界で悔いなく過ごそう、とメリルリンチ日本証券に転じた。妻に言わせると、それを打ち明けたとき、表情が浮き立っていたという。子供が生まれたばかりだったが、彼女は黙って好きなようにさせてくれた。その後、日興コーディアル証券（現・ＳＭＢＣ日興証券）に転職すると、人脈づくりに没頭した。「山一の人はほんとにまじめや」という言葉が何よりも嬉しかった。

いまはフィナンシャルアドバイザーとして、顧客とお互いの人生について話すことが多い。様々な生き方について知り、人生のヒントを得られるところも、この仕事が好きな理由の一つだ。

困ったことがあると、「いつでも帰っておいでや」と言ってくれたあの寿司屋を思い出す。妻と一緒に食べた雲丹《うに》は、絶品だった。黄色い雲丹と海苔《のり》との鮮やかなコントラストとともに、大将の坊主頭が忘れられない。東京生まれの自分にも帰るところがあるような、そんな温かい気持ちになる。

捨てる神あれば拾う神あり

吉武隆夫（国際営業部長→シーズンズ・インベストメント会長）

吉武隆夫が山一證券廃業から学んだことは、「捨てる神あれば拾う神あり」という単純な真理である。気力と能力がある仲間はいろいろなところで活躍している。社員がほぼ同時期に転職したことで、同業他社だけでなく異業種間にモトヤマのネットワークが張り巡らされ、相互扶助が繰り広げられた。

吉武は一九七六年に早稲田大学を卒業し、山一に入社している。大阪の心斎橋支店で個人営業を学んだあと、国際部に異動し中東のバーレーンやロンドンに駐在した。

破綻時は国際営業部長。それまで誘われても飛び込むことのできなかった外資系企業に挑戦し、東京のピクテ投信投資顧問など外資系資産運用会社に勤めた。いまは二社の投資顧問業に関与しながら、モトヤマの同僚が設立した「シーズンズ・インベストメント株式会社」の取締役会長に就いている。

廃業から二〇年なので、しまっていたものを出してみたら、山一證券の株券や解雇予告通知書などが出てきた。遅まきながら破棄するときが来たようだ。

残るは、山一證券時代に会社から与えられた携帯電話番号で、これだけはずっと使っていこうと思っている。

攻め続ける限り、終わることはない

松橋隆広（豊橋支店課長→人材紹介会社社長）

「一緒にやらないか」

須賀川敏哉（福山支店課長代理→人材紹介会社取締役営業部長）

山一の株価が急落し、経営危機は誰の目にも明らかだった。役員が広島県下にも説明に回って来て、「うちは大丈夫だ」となだめて帰った。破綻はそれから三日後、唖然《あぜん》とした。自分が山一に入社した一九八八年には不良債権の「飛ばし」が始まっていたことを初めて知り、自分たちの汗の日々は何だったのかと、言い知れぬ虚しさを感じた。

それでも須賀川敏哉は悲観しなかった。妻子持ちだが、まだ三三歳だった。金融危機が深刻化する前夜で、四大証券の一角だった山一には社員数の二倍以上の求人がきているのを見て、むしろ、いろんなチャンスがあるんだな、と思ったくらいだ。芸能プロダクションのホリプロ（営業）の試験を受けたりして、結局、内定をもらった学校法人の営業職に転職しようとしていた。

そこに二年先輩で豊橋支店の課長だった松橋隆広から電話がかかってきた。新人で配属された所沢支店時代の指導員である。

「面白い会社を見つけたぞ。一緒にやらないか」

声が明るかった。この先輩となら楽しそうだな、と思った瞬間に言葉が出てしまった。

「やります！　ところで、何の会社ですか」

「人材派遣業だよ。これから成長する会社だ。俺たちもそうだが、人材が流動化する時代になっているんだぞ」

松橋とともに入ったのは、関東でも指折りの人材派遣会社で、松橋の言葉の通り、成長を続けた。社員たちは「山一の皆さんのお手並み拝見」というムードだったが、須賀川は首都圏の新規店開設に奔走し、金融外資部長や営業本部ディレクターとして腕を振るった。一〇年後、社内の体制が世代交代期を迎えたのを機に、退社を決意する。先輩の松橋の紹介で新たな転職先を決め、彼のところに挨拶に出向いた。

かつて自分を引っ張った松橋は青森市出身で、須賀川よりも早く退社した後、仙台で人材紹介会社を設立していた。そこへ赴き、酒を飲んでいるうちに、松橋に再び「一緒にやらないか」と声をかけられ、「はい、やらせていただきます」と答えてしまった。

松橋は組合委員のころに、「攻め続ける限り、終わることはない」というスピーチをして以来、その言葉とプラス思考を信条にしていた。一方の須賀川は離婚して身軽になり、一から始めようという気持ちがあった。新会社には松橋ら山一の仲間が三人もいて大歓迎されたのも嬉しかった。一人でも生きられると思っていたが、人とつながっている実感が心を温かくほぐしてくれる。

それから一一年、山一で働いた時間よりも仙台で過ごした年数のほうが長くなった。須賀川の前に来るのは、工場が閉鎖されたり、リストラの対象となったりした人が多い。かつての自分のように、チャンスよもう一度、という人々と顔を合わせる毎日だ。焦りが表情に出る人もいる。そんなときには「転機が訪れているんですよ。諦めなければ失敗なんてありませんから」と声を掛けることにしている。

逆境は全ての生物の進歩と発想の原点である

曲田《まがりた》宗広（浜松支店長→ベンチャー企業）

「曲田さんね、こんな言葉があるんだよ」

と、唐突にその人は言った。仕事で悩んでいることを見て取ったのだろう。

「逆境は全ての生物の進歩と発想の原点である、とね。砂漠にオアシスを造ることもできるらしいんだが、それは大変なことだ。その苦労を表現した中東の大学のスローガンらしいよ」

曲田宗広はそのとき、山一新宿支店の副支店長だった。隣の紀伊國屋書店の応接間で話し込んでいた。テーブルを挟んで、取引先である紀伊國屋書店社長室長の吉岡公義が座っている。そこで吉岡の口から中東のスローガンが飛び出した。

バブルが崩壊して間もないころである。一九八九年末の大納会で記録した三万八九一五円の日経平均株価は翌年一〇月には二万円を割っていた。相場は来る日も来る日も下がり続け、ノルマを背負う曲田は苦しさに喘《あえ》いでいた。

そんなときに掛けられた言葉はオアシスの水のように、乾いた心に沁み透った。しばらくして、京都支店に副支店長として転勤した。四大証券が大口顧客の損失を補塡し続けていたことが発覚し、個人顧客から連日、追及されていた。「どうして大口や企業だけを優遇するのか」と抗議を受け、支店員たちは憔悴《しょうすい》しきっている。今度は曲田が部下にあの中東の言葉を教えた。逆境の中にも進歩があるはずだ、と。

破綻は浜松支店長のときに迎えた。経営陣に優れた人材はいなくなっていたからな、とため息をついた。清算業務の後、メリルリンチ日本証券神戸支店長に再就職した。だが、同社が大規模なリストラに踏み切ったのを機に、外資系生保に転じ、さらに証券会社のディーリング部長、銀行のコンプライアンス担当など金融界を転々とした。一五〇〇万円の年収は年齢もあって一〇年後に半減した。六五歳になるいま、六社目となるベンチャー企業に勤めている。働くことは、人生の意義を確認することであり、家族への貢献だとつくづく思う。そう考えれば、収入減のことも辛いことも黙って飲み込んでいける。

これまで無我夢中で働いていたが、時間が経って見えてきたものがある。

一握りの経営者が舵取りを誤ると、何年、何十年にもわたり、多数の関係者を苦しめ、多くの試練を与え続ける。本音と建前が違いすぎる会社に人材は育たない。そういう会社は徐々に朽ちるだろう。耳の痛い話から顔をそむける経営陣たちにぜひ知ってもらいたい。

まっとうな企業収益拡大のため、多くの仲間と価値観を共有し、真に顧客に認められる会社作りに没頭したかった。それが、自分がまだ会社員としてやり残したことだ。

あの言葉を教えてくれた吉岡は二〇〇二年、紀伊國屋書店の社長に就任している。その人事記事を見て応接間でのやり取りがよみがえった。体のどこかを溶かすような熱い思いが曲田の心に満ちた。

人脈は金脈

斉藤紀彦（市場部→歩合外務員→ザイナスパートナー代表）

ハワイ出身の大関小錦は、一九九七年一一月の九州場所で引退を決めている。千秋楽前だった。二八四キロの巨体で、外国人初の大関である。その引退が報じられた翌日、山一が自主廃業したというニュースが流れる。山一本社市場部にいた斉藤紀彦は首をひねった。

——えっ、廃業したのは小錦じゃないの？

実際、小錦は佐ノ山を襲名したので、相撲運営から離れる「廃業」ではなく「引退」なのだが、そんなことさえ思い浮かばなかった。斉藤は三一歳、新潟支店で全国一の営業成績をあげ、本社に異動したばかりだった。

翌日、緊急招集された本社で待ち受けていたのは、投資開発部担当常務の橋詰武敏だった。市場部や株式部の社員五〇人ほどが集められていた。ほとんど寝ていない橋詰は青ざめている。斉藤にとって橋詰は新宿支店時代の支店長でもあり、仲人でもあった。穏やかだが、出身の長野県上田高校では剣道部主将という硬派である。その橋詰が見たことがないほど憔悴しきっているので、斉藤は緊張した。

俯《うつむ》いていた橋詰はいつものようにみんなを見渡し、少し震える声で言った。

「皆さんも報道で知っていると思いますが、山一證券が無くなることになりました」

そう告げたとたん、橋詰は嗚咽《おえつ》し、泣き崩れた。しばらく片手で顔を覆った後、ゆっくりと話を再開した。

衝撃を受けた斉藤は、それからの話を思い出せない。会社更生法などで助かる道がある、と高をくくっていたのだ。一〇〇年続いた山一だから再建の道があるのではないか、と。しかし、「会社が無くなることになった」という言葉に呆然とした。

間もなく、社員の段階的な削減が始まる。斉藤は真っ先に手を挙げた。市場部に異動してまだ二ヵ月で、仕事を覚え始めたばかりだ。役に立てそうになかった。ベテラン社員にあとを任せた。

一方、男泣きした橋詰は、会社にとどまって社内調査委員会に加わる。破綻へと追い込んだ旧経営陣に怒りを秘めていた。橋詰が旧経営陣から事情聴取をしているころ、斉藤は独立した歩合外務員になろう、と決めていた。歩合外務員にはベテランの証券マンが多い。証券会社に所属をするものの、正社員ではなく基本給もない。顧客を独自に開拓し、手数料収入を会社が六割、外務員が四割という形で分け合う。

会社四季報をめくり、「御社はいま、歩合外務員を募集していますか」と電話をかけた。斉藤の新潟支店時代の営業成績は群を抜いている。そのころの大口顧客を抱える、若い斉藤は歓迎され、すぐに採用が決まった。

その歩合外務員を一〇年間続けた。四三〇万円を稼いだ月があれば、四万三〇〇〇円しか手取りがなかった月もある。月収は安定しなかったが、年収に換算すると山一時代の倍以上は稼いでいる。「ノウハウをお客さんや営業マンに教えてくれ」と求められ、各地に講演に出かけた。人脈が広がってくると、テレビや雑誌の取材も受けた。絶頂期だった。

四〇歳を過ぎたころ、知り合いから声をかけられた。小さな証券会社を立て直すので、営業部長として一緒に来てほしい、という。三年勤めたが、その会社が他社に吸収されることになり、退社後、しばらく個人で株の取引を続けた。

そろそろ再就職をしようか、と腰をあげたのは四〇代半ば過ぎのことだ。すると、「募集条件四五歳位まで」という壁に跳ね返されることに気付いた。経歴よりも、年齢が重視されている。

証券会社はもう採ってくれなかった。書類選考すら通らないのだ。ならばと、ハイヤー運転手の面接に行ってみた。そこも日常的に運転していないという理由で落とされてしまった。思いつめて、スポーツ新聞で見た「ソープランド店長候補募集」にも電話をかけた。ここも年齢制限で断られた。

――自分は社会に必要のない人間になってしまったのだろうか。

驚きと焦りが胸に募った。デスクの引き出しから、一枚の紙を取り出した。入社後に配属された新宿支店で副支店長だった曲田宗広からもらった縦一〇センチ、横七センチほどの紙片だ。

〈所得を得る以上、明確なる洞察と判断に基づき、創造と科学的合理化をはかり全員経営者精神に徹せよ〉と、印刷されている。その横に曲田の直筆で、「逆境は全ての生物の進歩と発想の原点である」と記されていた。

曲田は、斉藤が最初に配属された新宿支店の上司でもあった。よく飲みに連れて行ってくれた。結婚式にも京都から駆けつけてくれた。その曲田と新宿支店長だった橋詰とは、後に株式部でまた一緒に働いた。自分を可愛がってくれたあの人たちも、きっと多くの逆境を経験しているだろう、と自分を奮い立たせた。

テレビで共演したことがある経営者に連絡をとり、そこで働くことにした。個人投資家向けに投資情報を発信する会社である。今年三月に独立し、投資情報会社を経営している。まだ無給状態だが、徐々に情報を求める会員が増えているという。

人脈は金脈だ、と斉藤は思う。良いつながりを多く持つことが自分を高め、収入にもつながる。「自分は浮き沈みの激しい、ちっぽけな人間かもしれないが、橋詰や曲田といった多くの先輩に苦しい時期を救ってもらった。その縁がつながり続けるように努めているうちに、拓けるものがきっとある」と言う。

経営破綻をもたらした幹部たちのことは到底許せないが、少しずつ憎しみは薄れていく。会社に依存しない環境に投げ込まれたのはよかったのかもしれない、とも思えるようになった。

山一時代の仲間と集まると、「いま会社があったらどうなっていたのだろう」と話し合う。優秀な人ばかりだった。一部の病巣が会社全体を侵食し、取り返しのつかない事態を生んでしまったが、あの危機を別の方法で乗り切っていれば、素晴らしい会社になっていたと信じたい。社員の結束はより高まり、不正は絶対許さないという社風ができたはずだ。

山一の社史『山一證券の百年』は破綻から一年も経った後に発行されている。その冒頭にこんな言葉が記されていた。

〈山一證券の歴史に次の頁はない〉

しかし、斉藤は、あともう一〇〇年続く会社になっていたような気がしているのだ。

一緒に連れて行きたかった

橋詰武敏（常務→自動車部品商社役員）

第三章でも触れたが、橋詰武敏は自動車部品商社役員に転じた後、二〇一二年の大晦日に亡くなっている。新盆を迎えると、新宿支店時代の部下だった曲田宗広と斉藤紀彦は、橋詰の法要に赴き、妻や三人の息子たちと故人の思い出を語り合った。

山一の言葉で言えば、橋詰は「三七高」。昭和三七（一九六二）年高卒入社である。四角い顔に元剣道部主将の猛者《もさ》だった面影を残す男だった。曲田が転職したメリルリンチ日本証券のリストラが報じられると、すぐに橋詰から電話がかかってきた。

「大丈夫か」

短い橋詰の言葉が嬉しかった。

その橋詰が遠足の話をしたことがあった。小学六年生のころに学校で山登りに行こうとしたが、クラスに足の悪い同級生がいた。どうしようか、となったとき、橋詰が先生に頼んでその同級生を背中に紐で縛ってもらった。そして担いで山に登った。

「大変だったでしょう」と曲田が聞くと、「一緒に連れて行きたかった。みんなで楽しみたいだろ」と答えた。

たぶん、あれが橋詰の原点なのだ、と曲田は思う。仲間を置き去りにしない人だったから、誰に頼まれることなく社内調査委員会に加わり、元部下に声をかけ続けた。

第六章　闘っているか

心の清涼感こそが力の源泉だ

青柳與曾基《よそき》（副社長→中央証券社長）

粗にして野なれど卑にあらず

青柳節子（人事部）

そのいずれかが社長になっていれば、山一證券は潰れなかった、と評される二人の男がいる。

財務官僚にそう言わせたのが、山一證券取締役企業開発部長だった吉田允昭《まさあき》であり、もう一人は代表取締役副社長だった青柳與曾基である。

吉田は一九六〇年に大阪大学法学部を卒業しており、東京大学法学部卒で山一破綻の三ヵ月前まで社長だった三木淳夫と同期入社だ。三木は「山一のドン」と呼ばれた行平次雄の子飼いで、行平とともに証券取引法と商法違反容疑（損失の簿外処理）で逮捕されている。

第二章でも述べたが、リテール（個人顧客）営業の旗頭だった吉田は、ニギリ（利回り保証）と法人営業路線の行平一派と激しく対立して退職に追い込まれた。それでも挫《くじ》けずに一九八七年、株式会社レコフを設立して、日本のM＆A仲介の草分け的存在となった。退職後の吉田については別の項に譲る。

一方の青柳は一九六三年に九州大学法学部を卒業して山一に入社している。入社年次の上では吉田の方が先輩だが、実は青柳が一つ年上である。

青柳は福岡工業高校を卒業して、富士電機福岡販売店に二年間、勤めたことがある。そこで出会った上司の永井隆（のちに富士電機副社長）から「このまま埋もれさせるのは惜しい。いまから大学進学という選択肢もあるよ」と言われ、一浪して大学に入り直したのだった。永井は福岡の青柳の実家を訪れたとき、大農家で経済的な余裕もあることを見て取り、なぜこんな優秀な子が大学に進学しないのか、と考えたのだという。

青柳は吉田以上に社長の椅子に近い、と見られていた。三木の後継者に擬せられていたのだった。ところが一九九五年、その三木から「副社長を退任していただく」と山一土地建物社長に左遷される。行平や三木は債務隠しという犯罪行為を続けただけでなく、山一の後継者選びでも改革者たちを次々と追い出す重大な過ちを犯している。

吉田と青柳にはいくつかの共通点があった。

いずれも伝説的な営業マンだったうえ、山一や野村など証券業界の長年の宿痾《しゅくあ》だったニギリ営業や大法人への損失補塡を批判したことである。社内の主流派であった事業法人部には強く抵抗している。さらに二人は「豪放磊落《らいらく》」という言葉で語られた人物でもあり、一度会ったら忘れない特徴的な容貌の持ち主だった。

吉田は大きな頭をして額は突き出し、斜視気味の大きな目を持っている。そして豪快な笑い声で相手の心をつかんだ。対する青柳は、身長一九〇センチの偉丈夫だ。「僕は嘘をつきません」と笑いながら、大きな手で相手の拳をギュッと包み込んだ。

青柳が山一を追われたいきさつは『しんがり』で触れたのでここで詳しくは記さないが、要するに、抜本的な法人営業改革を企《くわだ》て、ニギリ営業から脱却できなかった事業法人部の担当役員たちと決定的な対立をしたのである。

「嘘をつかず、情報を粉飾するな。誠心誠意、営業の王道に徹せよ」

「心の清涼感こそが、何の恐れや憂いもなく力の出る源泉だ」

と青柳は部員たちに訴え、取引企業に損失補塡をした部下たちを許さなかった。そして、不正に手を染めた社員と責任者である自分の処分を申し出た。

「法人（営業）で栄えた山一が法人で滅ぶというのは愚かなことだ」とも彼は言った。豪放を装っていたが、純朴な性格だったのである。それを「青臭い」と批判した勢力はそれから約二年後、山一が経営破綻する前後に、いち早く逃げ出している。

青柳はその破綻時、山一が五一％の株を握る中央証券（現・ちばぎん証券）の社長に移っていた。中央証券は千葉県を営業地盤とする優良企業だったが、山一破綻の余波を受けて中央証券自体の預かり資産が流出する事態も考えられた。

青柳は、山一破綻報道のその日の朝、連鎖倒産の危機を瞬時に察知し、地元の千葉銀行に資本提携を打診した。同行グループの傘下に入って社員を守ろうとしたのだった。この判断が功を奏して中央証券は存続し、山一社員の再就職先の一つともなった。

晩年は闘病の日々だった。二〇〇七年に福岡に戻った後も悪性の前立腺がんを告知されている。それでも山一の「しんがり」を引き受けた嘉本らにファックスや手紙を送り、励まし続けた。

闘病一〇年の後、二〇一七年三月一一日に八〇歳で亡くなった。「できれば家族葬で」という故人の遺志もあり、訃報は一部に留められたが、福岡市内の葬儀場には元部下や同級生ら約一〇〇人が全国から集まった。

喪主は、かつて山一の人事部社員だった妻節子が務めた。葬儀が終わって、会葬の挨拶状を開いた弔問客の頬に笑みが受かんでいた。そこに青柳が口癖にしていた言葉を見つけたのだ。節子の書いた礼状にはこう記されていた。

〈「粗にして野なれど卑にあらず」

頑固だけれど正義感の強い人でした

亡夫　青柳與曾基　儀　葬儀に際しましては　ご多忙中にもかかわらず
遠路ご会葬下さいまして誠に有難うございます
夫は昭和一二年に青柳家の三男として福岡市飯盛で生まれ、
二八歳で私と結婚　一男一女をもうけました（略）
皆様には花冷えの街に降り注ぐ柔らかな春の日差しに夫の面影を偲んで頂ければ幸いです
ここに生前の御厚情に深く感謝し厚く御礼申し上げます〉

「粗にして野なれど卑にあらず」という言葉は、元国鉄総裁の石田禮助《れいすけ》がよく口にしていた。青柳は自宅で療養を続けていたが、節子に小言を言われると、つぶやくように「粗にして野なれど……」と言っていた。

石田は七八歳で、組合問題で混乱する国鉄総裁を引き受ける。誰もが嫌がった職責を全うした石田は、「オールド・ソルジャー」を自称したが、清濁併せ呑む証券界にあって、青柳ほど妻に愛され、部下に慕われた清廉なソルジャーはいない。

葬儀会場では、あちこちで人目をはばからず男泣きする元部下の姿が目立ったという。参列した近所の婦人がそれに驚いて、

「あんなに大勢の男の人が泣くのを初めて見ました」

と言った。

「山一　8602」の看板を背負っていた

金子京子（千葉支店総務課主任→ちばぎん証券）

野澤正平が記者会見で廃業を口にするまで、金子京子は何が起きているのかさっぱりわからなかった。彼女は支店に集められて指示を受けている。

「支店のブラインドを下ろし、部屋の電気は付けないように」

社長の発表を聞いても、まだ淡い期待を抱いていた。何年にもわたって不正が続いていたとは信じられない、信じたくない、とも思っていた。勤めていた千葉支店は県庁所在地にある。人数が減らされても店自体はなくならないかもしれない、と思っていたのだ。翌年三月末に支店が閉鎖されたとき、ようやく悟った。二度とこのシャッターは開かない、と。

金子は四二歳。支店閉鎖の後も一ヵ月間、残務処理に携わっている。そのころ、お客さんが弁当を差し入れてくれた。

――こんなになった会社の社員を気にかけてくれる人もいるんだ。

善意が身に沁みた。「会社の上層部と戦犯は許せない」という気持ちは消えなかったが、支店に残ったその一ヵ月が楽しい思い出なのは、顧客の心遣いを感じたからだ。

残務処理を終えた翌月、中央証券（現・ちばぎん証券）に移る。山一の関連会社だった。山一時代に「不正の一掃」を訴えた青柳與曾基が社長に就いていた。

転職しても、「山一　８６０２」の看板を背負っている、と金子は思っていた。「８６０２」とは、山一の東証一部での証券コードである。その名を汚すことのないように働こうとした。戸惑ったのは社風の違いだ。金子が張り切って仕事をすればするほど隙間ができた。山一から共に転職した上司に相談し、正社員からアルバイトに切り替えて勤めを続けた。

「没後一〇年だね」と、二〇〇七年に、金子は昔の仲間たちに声をかけた。すると、一〇〇人のモトヤマが集まってくれた。いまでも一緒に仕事をしているような感覚に包まれた。「お疲れ様でした」と別れても、次の日には、隣の席にいてくれる気がする。

山一時代に千葉駅から支店まで歩いたときのことも思いだした。今日の仕事の順番をまず考える。帰りに、支店から千葉駅まで歩くときには、「明日は、これとこれをしよう」。そういう風に考える時間が楽しかった。

破綻後、メリルリンチ日本証券を受けたが採用されなかった。もう一人、不採用通知を受けた女性と、「私たち、既婚者だからかな」と慰め合った。夫に話すと、こう言われた。

「最後に結果オーライになるのは、お前かもしれないよ」

三人の子供を育て上げ、二〇一五年に六〇歳の節目を迎えた。一九九六年にアトランタ五輪で銅メダルを獲得した有森裕子が言ったように、「自分で自分を褒めてあげたい」と思った。夫の「結果オーライ」という言葉も、そういう意味だったのかもしれない。走り続ける有森のように、金子はいまも同じ職場で働き続けている。

すがって生きるという考え方を捨てた

稲田洋一（事業法人第一部課長→レコフ社長）

稲田洋一は東京大学法学部を卒業し、山一で約三年間、支店営業を経験した後、人事部、事業法人第一部と会社の中枢を進んだ。将来は役員の列に加わると評価されていた。ところが、一〇年間勤めた後、彼は突然、辞表を提出する。山一を見限ったのである。破綻の三年前のことだった。

その彼が、私のインタビューに初めて口を開いた。

彼の淡々とした話の中に、「人の山一」と言われた会社の裏面——つまり、不公正で傲慢、そして日々流されていく企業人と大組織の姿が露《あらわ》になる。

会社を衰弱させるものは何か。稲田の静かな怒りと自立の心を聞いてほしい。

人事部の仕事をした人は死ぬまで、ずっと（知り得た秘密を）持っていかないといけません。ただし、それは会社がある場合で、これはいまだから話せることです。

人事部には、人を切る処罰の仕事があります。ほぼ毎週、支店営業員の事故の事案報告書が回ってきました。証券事故が起きると、たいてい監査部の人がつぶさに関係者の事情聴取をして、その一部始終を膨大な文書にまとめて、私のいた本社人事部に上げてきます。不条理を感じながら、それを読んでいました。

知ってる人が色々出てきます。人間模様そのもので、いかにして営業マンが追い込まれ、事故を起こし、お客とトラブルになり、会社が裏側で何億円という補塡を顧客に行うことになったか、と。報告書には「懲戒解雇相当」というようなコメントが付いてくる。三年ちょっと人事部にいて、いくつ読んだことか。五〇件や一〇〇件じゃない。

それぐらい証券現場は事故だらけでした。お客の資産をダマテン（黙転）する。黙って売買し、それで損が出てお客とトラブルになる。これは典型でした。それだけではなく、お客のお金を持ち逃げしたり横領したりというケースも少なくなかったし、色んな理由でもっとお客が莫大な損をして、これが営業マンの方に責任があってお客には何ら責任がないようなケースもありました。

証券マンがそこまで追い込まれる背景に、強力なノルマ営業がある。失踪した人、自殺した人……枚挙にいとまがないと言っても過言ではないぐらい悲惨な状況にあった。（事故を起こした）支店の営業マンは全員厳しく処罰を受けました。

ところが、本社では、法人営業のエリートと言われる営業マンたちが飛ぶ鳥を落とす勢いでした。もちろん人事部で人事考課もやっていましたが、（不正な）利回り保証をしてファンドを集めてくる専門家が綺羅星のごとくいて、その人たちが「特A」評価を受けていた。すさまじい高評価だった。

その高評価を受けている人たちが、支店で同じことをやったら一発で解雇になるようなことを、堂々と、会社の容認、黙認のもとで行っていました。それが損失を生んでいるのに、誰も何も責任を取らないし処罰もされない。

不条理なんてものではない。証券会社の中で仕事をしていると色々嫌なことがあり、感覚がマヒするが、許せなかった。

これが辞める原因の一つになっています。

人事部では、偉い人たちの会議の事務局もやっていました。そのなかに、副社長や専務ら一〇人ほどの主要役員で作る人事戦略会議がありました。「時代の変化に応じて、新しく人事制度を作り変えるべきではないか」というのです。陪席し書記役を務めましたが、その内容のあまりのくだらなさ、レベルの低さに驚愕、愕然とする思いでした。

ああ、そうか。うちの会社の副社長、専務って何も物事考えてない人たちだ。思い付きの感想だけを述べていました。山一の人事の仕組みはどうあるべきだという、マネジメントの見識を披瀝する人はいなかった。比較的切れ味があって、それなりの人だなと思ったのは、永田良雄専務だけだった。でもすでに体調が悪くて、入院して亡くなってしまいました。

人事戦略会議には社長、会長は入っていませんでしたが、他にもくだらない会議がいっぱいあり、一連の問題対応についても、三木淳夫社長が「まったく元気が出ない、どんなことやっても」とぽろっと言ったりする。これは、問題にメスを入れたりするマネジメントのイニシアティブをとらないということだと思いました。

私はその後、一九九一年から二年間、社命で米国留学をしました。損失補塡事件など証券不祥事で、四大証券のトップが証人喚問された時代です。渡航する前の時点で、山一が抜き差しならない状態になっていることも、当時の事業法人部の現場で苦しんでいた何人かの先輩から直接聞いていました。

彼らは担当する会社から一任勘定で何百億円も預かってくる。その金が山一に振り込まれると、即日どこかから飛んできたへんてこな玉（現物株）がぽんとはめ込まれて、その取ってきたファンドは（帳簿外に）疎開して出ていく。強制的に（「飛ばし」の輪に）はめ込まれてしまって、たとえば五〇〇億円預かってきたそのファンドが、一〇〇億円評価減したところから運用を始めないといけないみたいなことになっている。

そんなことを聞くにつけ、「何やってんだ」と思った。こんなことあり得るかと思いながら渡米して、九三年夏、「いま浦島」のような状態で帰ってきた。着任したのは事業法人第一部という、山一の保守本流でしたが、およそ興味のない部門でした。尊敬するかつての人事部長で、事業法人本部長に昇任されていた青柳與曾基専務から「自分のところに帰ってこい」といわれたのです。

そのころは、「飛ばし」の末に、とてつもない含み損が各所に存在していて、それが隠蔽されていました。私は金額が一兆円を超えているとその時点では想定していました。一九九七年に事が露見した後に社内調査報告書が出て、それも読んだら二六四八億円。えらい少ないなと思った。よく読むと、実はゼロクーポン債がものすごく値上がりして、損失がものすごく圧縮されたということだそうで、もともと埋め込んだときはもう兆単位の損失があったんだと思います。

それは公然の秘密で、わずか一年ほどしか事業法人部にはいませんでしたが、社内のいろんな方から聞いて、これは処理不能だろうと思いました。

損失の塊の含み損について処理ができない。どこかで表面化したときに、大変な重荷になるし、会社をつぶすようなリスクがある。それよりも問題だと思ったのは、それに対する経営対応でした。それがわかっていて、目をつぶり問題を拡大し、完璧に隠蔽した。

まさか三年でつぶれるとは思いませんでしたが、いずれこの会社はだめになるということには、ほぼ一〇〇％の確信がありました。

青柳さんはその中で実にまっとうな方でした。その人から強く慰留されましたが、最後は会社を見限ろうと決めました。

敢えてつまらないエピソードを話すと、当時の法人営業の世界がいかにくだらないかという話になります。どこの会社でも同じことはあったでしょうが、お客様とゴルフをやる、やらないみたいな世界がある。私は別にゴルフは嫌いでもないしやらないわけでもないが、お客様とのゴルフが仕事のど真ん中にある。それっておかしいんじゃないかと個人的な意見を言ったりもしました。すると、並みいる諸先輩から非国民扱いされました。

「ふざけたことを言ってるんじゃない、お前は。二度とそういうことは言うんじゃないぞ」と。

あきれ返ったのは、山一の法人部門でいわゆる社内コンペをやるときです。私は行かなかった。行かないだけで大顰蹙《ひんしゅく》を買った。コンペをやる際、お客様からたくさん景品をもらってくる。まあどこでもやってることなんですね。

それで、事業法人部の控え室の一室が景品の展示場になる。こんな豪華な景品をくれるんだと、そんなものが山のように展示されている。それで事業法人部総勢何十名でゴルフコンペをやり、逆にお客が社内でコンペをやるときは、山一證券は当然、多額の寄付をさせていただくというバーターになっている。

全部バーター、全部もたれあい。全部利益供与だの、相互関係で、まさに日本的な法人ビジネスの、これが本丸かと思いました。私はそれを目の当たりにして、ものすごく違和感があった。諸先輩から、「ゴルフをやらないと非国民だ」と言われた瞬間に、ぷつっと切れたのかもしれない。

結局、わけのわからない人たちのグループに入って行き、透明感のない世界、悪いことをお互い握りあっている世界、その一味になっていくことが耐えられなかった。その人たちと一緒ではありたくなかったのです。

辞めると決めて、そこからどこに行こうかと考えました。米国留学でビジネススクールを出て帰ってきたということもあり、マッキンゼーとかボストンコンサルティングとか、まずコンサルティング会社から考え始めました。いろんな人に聞いているうちに、友人の助言で、「あっ、吉田允昭さんのレコフっていうのがあったなあ」と思い付き、「入れて下さい」と言いに行きました。

レコフは、行平次雄会長らに抗して山一を出た吉田が一九八七年に設立したM＆Aの会社です。日本のM＆Aビジネスの草分けですが、当時はまだ社員三〇〜四〇人ほどで、ベンチャーと言えば聞こえはいいけど、一ヵ月後になくなっても別に誰も不思議に思わないぐらいの会社でした。でも、私は山一を辞めた時点で、何かにすがって生きるという考え方を捨てたように思います。どうせ白紙なんだからという気持ちでした。

吉田は大変カリスマ性のある人で、山一の研修でよく話をしましたが、みんな彼の話を聞いて元気になって職場に帰っていくのです。私の同期生は二百数十名いましたが、みんなでこんなことを言っていました。

「あの人の下で仕事をさせてもらうように、引っ張りあげてもらうように、頑張らないといかんな」

それぐらいの大スタープレイヤーでした。この人のエッセンスを一度全部受け取ろうという一点にかけて、弟子入りしたんです。

ちょうど、レコフの中心になっていた人が辞めようとしている時期でした。山一出身の腕利きの営業マンで、「すごいな、あの人もいるんだな」と思っていた一人です。その人が独立のために退職するタイミングで、そこに私がひょこひょこレコフに来たので、「お、いい代わりが来た」と入れてくれたというのが真相のようです。

いま、レコフの社員数は約六〇人に増えました。もし吉田がM&A以外のことをやっていたら、自分もM&A以外のことをやってると思います。M&Aとは、私にとっては後から付いてきたことですが、一つのことを掘り下げていけば、おのずから道は通じるということです。

自分をかき立てるものですか？

難しい質問ですね。僕の場合は、あまり仕事をしたくなかった時期を考えます。レコフでも、外資系投資銀行の幹部だった人たちが大挙して入って来て、吉田の作った会社を一度全改造しようという取り組みをしたことがある。外資流に、カルチャーも何もかもいったん廃棄してつくり替えるというのです。私は異論を唱えているうちに排斥された。やってられない、と辞めていく人もたくさん出ました。私も辞めようと思ったが、もともといいものを持ち、ちゃんと作ってきた会社じゃないか、それを「いったん、廃棄処分を」と進駐軍みたいな人たちに明け渡すというのは、プライドが許さないなと思いました。

吉田は当時、一線を退《ひ》き、全権委任をしていました。本人は株主として報告を聞くだけで現場との接点を持たなかった。ある意味で立派と言えば立派だし、我々もオーナーがそう思ってやっているんだからと、告げ口のようなことだけはしなかった。

辛い日々、会社の人間より、お客さんのほうに神経を集中して、石にしがみついてでもこの会社を守るぞと思っていました。意地でもあるんだけど、責任でもあったかな。

後輩や若者に言葉を掛けるとしたら、会社に頼るな、ということです。ひたすら何かの分野におけるプロとしての腕を磨けということでしょうか。

お前はなぜチャレンジしないんだ！

吉田允昭《まさあき》（取締役企業開発部長→レコフ創業者）

それは一九八七年のことだったから、吉田允昭が独立し、レコフを設立しようとしていたころだろう。稲田洋一の人事部行きが決まり、営業マンを卒業するとき、すでに退職していた吉田が山一證券の会合に招かれた。

その二次会の席で、生真面目な稲田は思わず漏らしてしまった。

「山一はこんな状態で、もうだめですよね」

すると、吉田が思い切りどやしつけた。

「お前はなぜチャレンジしないんだ！　ふざけるな！」

個人営業の旗頭だった吉田は、「飛ばし」で架空の利益を上げる法人営業に対し、チャレンジするだけチャレンジした。ねじ曲がった山一を直そうとして、首脳陣に切られた。有名な話だった。会社を変えようとして頑張り、その道半ばで会社から追い出され、去って行ったのだ。その吉田には稲田の言葉が弱音にしか聞こえなかったのだろう。

「若い人間がそんなこと（愚痴）を言ってどうするんだ。それだけのことをしてみろ！」

ほとばしるような声だった。

その二年後、吉田は山一の勉強会に講師として呼ばれた。Ｍ＆Ａが主なテーマだったが、終了後、吉田が懇々と話したことがある。

「これから、急速に証券会社は力を失うから、気をつけなさい。大変なことが起こるよ」

日本経済全体についても話したが、特に証券会社の経営でこれから大変なことが起こっていくから、心してかかった方がいい、というのだ。山一の若手は何のことかわからなかった。バブル崩壊の直前である。まだ誰もがユーフォリア（多幸感）に浸っていた。

稲田も半信半疑で聞いていたが、あとから思い出すと、それはバブル崩壊を予言していたのだった。株価は天井を打ち、大変な時代がこれから来るということを。

吉田は同時代の山一エリートにとっても、「特別な人物」であり続けた。山一が崩壊して二〇年経ったいまも、「吉田がいれば」という声があるのはそのためである。その吉田は経営の一線から離れ、日本ベトナム経済フォーラム代表理事などを務めている。

第七章　自分に区切りをつけに来た

最後にまだ何かあるんじゃないか

島田進（債券本部課長代理→ＳＥＳＣ検査官）

「エキストラ募集」のネット告知に気付いたのは妻であった。島田進（仮名）に向かって妻は弾んだ声で言った。

「あなたのいた山一證券のテレビドラマを撮るんですってよ」

「ふうん」というぐらいの関心しかなかった。二〇一五年、ＷＯＷＯＷが「しんがり　山一證券　最後の聖戦」という連続ドラマの撮影を始めているというのである。

島田が山一證券債券本部の課長代理だったのは一九九七年までのことだ。いまは証券取引等監視委員会（ＳＥＳＣ）の証券検査官である。

「主演はね、江口洋介さんよ。社員役でボランティアエキストラを募っているわ。私が応募しておいたから行ってきなさいよ」

山一が破綻した後、妻は病気が続き、そのつらい時期を凌ぎ切ると、吹っ切れたように明るく振る舞うようになった。

「ギャラをもらわないのなら、あなたも職務規定違反にはならないでしょう」

それ以前にも、妻はドラマ「ＨＥＲＯ」のエキストラ募集をネットで見つけ、自分だけでなく島田の名前まで使って応募してしまったことがある。あのときは、「キムタクのサインをもらってきてよ」と妻は笑った。

「しんがり」のエキストラ応募のときもそんなノリだったのかもしれないが、彼は思い出したくなかったのだ。自主廃業の大混乱の中で憤りを胸に去った会社である。

妻の言葉に軽い反発を覚えながら、しかし、気持ちのどこかがざわついた。

――モトヤマの仲間にそこで会えるかもしれない。そもそも、山一の破綻をどう描くというのだろう。

それで七月二〇日の祝日に、島田はエキストラの一人として千葉市幕張の撮影現場に出かけていった。そのとき彼以外にも、モトヤマの男女二人が、「どんな役でもいいから出演させてほしい」とＷＯＷＯＷや制作会社に申し出ていた。

立っているだけでくらくらするような日だった。それなのに破綻直後の冬のシーンを撮るというので、彼はネクタイをきゅっと締め、スーツにコート姿である。ワイシャツが汗でびしょびしょに濡れた。

撮影のためにＷＯＷＯＷが借りた住友ケミカルエンジニアリングセンタービルの壁には、急ごしらえの「山一證券株式會社」の金文字が浮き上がっていた。ビルの中のセットに、旧本社の組織図や山一のポスターが貼られている。少し違うな、というところはもちろんあったけれども、隅田川沿いにそびえていた山一本社の風景がそこに復元されていた。

ドラマは、『しんがり　山一證券　最後の12人』が原作で、「場末の連中」と軽んじられていた山一證券業務監理本部の面々が、二六〇〇億円に上る簿外債務の真相究明と会社の清算活動に立ち上がる実話をもとにしている。山一はその債務隠しが発覚して自主廃業に追い込まれたのだ。

小ざっぱりした髪形の江口洋介は、主人公の業務監理本部長役だ。ロビーや社員食堂で共演の勝村政信と会話を交わしていた。島田は一八年ぶりに山一バッジを付け、カメラが回るたびに江口たちの横を歩いたり食事を摂ったりした。

懐かしさがじんわりと胸を浸してきた。

──あの怒りが思い出になったんだな。しんどいことも時間が忘れさせてくれるんだ。

それは債務隠しが発覚する四ヵ月ほど前。七月の出来事だ。山一證券は総会屋に利益供与をしていたことが明るみに出て、東京地検特捜部の家宅捜索を立て続けに受けた。

「そこを動かないで！」

「出入りは禁止。外には連絡できません」

特捜検事や検察事務官に大声で一喝され、社員たちは屈辱に震えた。

「なぜこんなことになったんだ」と島田は叫びたかった。ところが二回目の捜索になると社員はその異常に慣れ始め、三回目には緊張感を失って、テレビをつけて捜索の実況中継を眺める者も出た。そのときに「会社を辞めよう」と彼は思った。

――この会社はもう終わりだ。大勢の役員が総会屋事件に関与し、会社は家宅捜索という辱めを受けている。みんな悔しくはないのか。

そのころ、テレビや週刊誌で、「サラリーマンの市場価値」が話題になっていた。自分の価値はよそではどう評価されるのだろう。妻が心配していたこともあって、彼は山一本社に近い日本ＩＢＭの採用面接に応募してみた。腕試しぐらいの気持ちだったのだが、あっさりと内定通知が届いた。

島田が山一に辞表を提出したのは一一月。山一の株価が急落し、五〇円の額面割れ寸前に陥った週だ。入社一三年目だった。

ところが、それからわずか数日後の一一月二二日、山一の経営破綻が新聞報道で発覚した。彼の辞表は山一人事部で受理されたはずだったが、会社は大混乱に陥っている。本支店に押し寄せる顧客を見て、彼は年末まで会社に留まることにした。

「責任というか未練というか……。いや、未練とは少し違うんだ。上司がパニックになっていたというのもあるし、後輩の面倒を可能な範囲でみようというのもあった。出来の悪い自分を育ててくれた会社だったから」

と島田は言う。依願退職者が清算を手伝ったのである。

山一の中枢に何かが隠されていることには気付いていた。彼の部署でも異常なほど損が出ているファンドがあり、「おかしいな」と思っていた。だが、債務隠しが二六〇〇億円にも達していたとは想像すらできなかった。そこまでのことをやったのだから、会社は潔く散るしかなかったのだ、と思う。

だから、社長の野澤正平が自主廃業の記者会見で「社員は悪くありませんから」と号泣したのを見た瞬間、「このバカ野郎」と猛烈に腹が立った。

——経営陣が簿外債務を処理する機会は何度かあったはずだ。その決断を先送りしたままここへ来て、みんなが悔しさを呑み込んで出直そうとしている。まさにそのとき、社長が何とみっともないことをしてくれるんだ。

島田が山一を去ったのはその年の暮れだ。翌九八年一月から一年七ヵ月間、日本IBMに在職した。さらに、山一時代の先輩からヘッドハントされてメガバンク系証券会社に移り、IT管理部長などを務めた。

「金融界はもういい」と思い始めたのは二〇一三年である。思い切って監督側のSESC検査官に転じた。これは山一関係者以外にも言えることだが、一度、終身雇用のくびきを外した者は転職の飛躍を恐れなくなる。

彼が入庁して驚いたのは、SESCにすでに四人のモトヤマがいたことだ。尋ねたことはないが、それぞれ期するところがあって検査官に転身したのだろう。現在のＳＥＳＣには、銀行出身者や検事、判事のような出向者もいて、半数は他の業界出身者だ。

「いまのＳＥＳＣなら山一のような債務隠しを見抜けますか？」

私は意地悪な質問を島田にぶつけてみた。

「できるでしょうね」。間をおかず、言葉が返ってきた。そうでなくてはここにいる意味がない。そんな強い調子だった。

「民間出身者はネットワークを持っているんですよ。不正の勘どころも押さえていますからね」

検査官という仕事は面白い。だが、このままでいいのかと思う気持ちがないわけではない。

「公務員を否定しているんじゃないのです。ただ、最後にまだあるんじゃないか、というのがあります」

自分への期待だろうか。多分まだ、自分の人生を演じきっていないのだ。

「頑張れよ」

小野孝弘（新橋支店営業主任→役者）

その島田進よりもひと月ほど早く、小野孝弘はドラマの話を聞き込んだ。その日に制作会社に行った。

「山一にいました。端っこでもお役に立ちたいのです」

一九九〇年に山一に入社しているから、島田の五年後輩ということになる。売れていないが、ＣＭや映画の端役、社内向けビデオや教育実習ビデオに出て、俳優稼業を続けている。

小野は山一で二つの悔いを残していた。一つは、入社四年目のころ、仲代達矢が主宰する「無名塾」のオーディションを受けて落ちたことだった。営業成績で同期のトップを走る北九州支店の営業マンだったが、有給休暇を取ってこっそり上京した。設立者で仲代の妻・宮崎恭子（隆巴《りゅうともえ》）の質問を受けた。

「あなた、無名塾に通ったら、山一證券はどうするの？」

「やめます」

そんなやりとりを交わしたが、経験や熱意に欠けると思われたのだろう。小学生のころ、山口百恵と三浦友和が共演したテレビドラマ「赤いシリーズ」を見た。それで華やかな世界に憧れたという単純な動機だったのである。

ところが、不合格になった後も「このまま人生を終わりたくない」という思いはくすぶり続け、福岡の役者養成所に通い続けた。いつか会社を飛び出すぞ、と意は決していたのだった。

もう一つの悔いは、いよいよ独立しようと思っていた矢先に、辞表を叩きつける会社が無くなってしまったことだった。北九州支店で七年間勤務したあと、彼は新橋支店に異動し、個人客相手の営業主任を務めていた。一一月の三連休が過ぎたら辞表を提出する、と腹を決めていたら、その三連休初日の未明、山一投資顧問にいた後輩から電話がかかってきた。

「会社はつぶれます。今日の日経新聞に記事が出ますから覚悟しておいて下さい」

届いた朝刊一面を見て仰天し、拍子抜けしてしまった。その三日前に会社から借金して山一株を買い増し、二万株を持っていた。それは一瞬のうちに紙くずになった。

――あ、カネがない……。

それから、小野の新橋支店にも顧客が殺到した。顧客の苦情対応や株券の返却に昼食も摂らずに働いた。そして一ヵ月が過ぎると、支店は再就職活動の場と化していった。彼が手にした退職金は一八〇万円。借金を返すと何も残らなかった。

支店閉鎖から三日後の九八年三月三日、劇団俳優座の養成所試験を受けに行った。見事に落ち、文学座を受けてそこも落ち、最終的に拾ってくれたのが橋爪功や岸田今日子が所属する演劇集団「円」だった。

そこで一年間、役者の基本を学んだ後、学校回りや旅回りをする劇団から、人生をやり直した。といっても、アルバイトをしなくても何とか飲み食いできるようになったのは、この一〇年のことだ。小野が選んだ役者という夢はふわふわとしてつかみきれない。

三〇歳のころ六〇〇〇万円はあった年収はいま二〇〇〇万円程度。何とも思わなかったが、今年初め、後輩の職場を訪れたときにふっと考え込んでしまった。都銀の支店長に昇進していた。その広い支店長室を眺めたときだ。

——あれ、俺はちょっと道を間違ったかな。

小野は撮影現場に二度、自前の山一バッジをつけ、胸を張って行った。一日演技してギャラは五〇〇〇円だった。二度目の七月七日は、支店に殺到する顧客にひたすら頭を下げる社員役だった。破綻したあのときほど、必死に働いたことはなかったな。新橋支店の苦しい思い出が重なった。

かつての仲間に告げたかったが、身近にはいない。福岡支店の社員と結婚していたのだが、俳優の道を歩き始めた後に別れてしまっている。

一人になって、帰省することが増えた。最近は半年に一度は福岡に戻り、家族や親戚、幼馴染、同級生と会う。少年だったころの夢や微かな記憶がよみがえる。彼らは決まってこう声をかけてくれるのだ。

「頑張れよ」

その声に助けられている。好きなことをやらせてもらっているという実感と、いまだにチャンスをつかむ場所にいるという幸せをかみしめる。

「しんがり」の撮影が終わったころ、「俺なんかが交じって、モトヤマの重いものを演じてもよかったのかな」と思っていた。だが、頑張っているじゃないか、という友人たちの笑顔に迎えられた。故郷があるから、あてのない役者の山道を歩いていけるのだろう。

The best is yet to be（最上のものは、なお後に来たる）

天明《てんみょう》留理子（秘書室→女優）

天明留理子は、前掲の小野孝弘の一年先輩で、山一證券秘書室に勤務していた。向上心をくじく「男尊女卑」の社風に反発して経営破綻の四年前に辞め、舞台役者の道に飛び込んだから、〝芸歴〟としては小野よりずっと古いということになる。

彼女は新聞記者役でドラマ最終話のシーンに登場した。「しんがり」の原作を読み、登場人物の八割を知っている。「端役でもぜひ」とプロデューサーに訴えた。

最終話は、山一證券の「しんがり」社員たち──つまり業務監理本部の残党たちが、四ヵ月半に及ぶ調査で債務隠しの真相を解明するクライマックスだ。彼らは記者会見で真相を書き込んだ実名記載の調査報告書を公表した。

記者会見場を模した講堂に、記者に扮した一〇〇人のエキストラが集まり、十台の報道用テレビカメラ、カメラクレーンが持ち込まれている。天明は撮影の二時間半前に現れ、机の上に置かれていたA4判一〇六ページの調査報告書をめくり始めた。

それは実際に「しんがり」の社員たちが作成した報告書のコピーで、ページを繰る彼女の手がやがてある箇所で止まった。報告書の「平成五年大蔵検査」という項だった。

──このとき、そばにいた!

山一秘書室時代にタイムスリップしたような驚きだった。

平成五（一九九三）年の大蔵検査というのは、大蔵省金融検査部とSESCが山一に対して実施した定例検査のことだ。その検査が手ぬるかったために巨額の債務隠しをみすみす見逃してしまい、それが四年後の山一崩壊につながっている。「しんがり」の社員たちは、大蔵省の検査が大甘だったことを突き止め、報告書にそれを記載していた。

その「平成五年検査」のとき、秘書室の天明は大蔵省検査官たちを接遇している。昼になると、上司が社員食堂の三種類の定食の中から「これ」と指定する。その昼食とお茶を運んで行ったのだ。

そのころ、山一首脳たちはひそかにホテルに集まって債務隠しを決定していた。調査報告書には、謀議を物語るそのホテルからの請求書のコピーが二枚添付されていた。そのコピーにはメモ書きがあり、それは見覚えのある天明の上司の筆跡だった。

いまになって読む報告書の事実は彼女にとって重く、生々しかった。そういえば、当時の社長・三木淳夫は担当専務と頻繁に一番小さな役員応接室にこもり、長い密談を交わしていた。債務隠しに絡んだ企業幹部を、彼女がその役員応接室に案内したこともあった――。

ジグソーパズルのように、彼女の思い出のピースを合わせていくと、役員たちの謀議の一端が浮かび上がってくるように思えた。上司たちの心情に思いをめぐらすと、心がヒリヒリとした。

その大蔵検査から間もなく、天明は辞表を提出している。食事を持っていったり、お茶出しをしたり、そんなことのために入社したのではないのだ。もともと父親のコネで入った山一である。今度こそ自分の力で憧れの職に就いてみたかった。

辞めた後、前項の小野も通うことになる「円」で修業をしたあと、平田オリザが主宰する劇団「青年団」の新人募集に合格した。「青年団」は「現代口語演劇理論」を唱えて、九〇年代以降の日本演劇界に大きな影響を与え続けている。

それから彼女は結婚をし離婚を経験して、演劇と一人息子が残った。舞台を踏み、息子と語りあうことが喜びだ。つらいときや失敗したときは、「The best is yet to be（最上のものは、なお後に来たる）」と唱える。ロバート・ブラウニングの詩の一節だ。

「しんがり」のドラマ撮影の合間に、彼女がもうひとつ思い出したことがある。

利益供与事件が発覚していた九七年初夏、山一の副社長が彼女の所属する「青年団」の公演を見に来てくれた。東大演劇同窓会に所属する演劇好きのおしゃれな人だった。

観劇の後、近くの居酒屋でひとしきり演劇談議をした後、山一の不祥事に話題が移った。するると、副社長はこんなことを言い出した。

「この世には人の法と神の法がある。俺は人の法は犯したかもしれないが、神の法は決して犯していない。いつか逮捕される日がくるかもしれないが、恥じることなく堂々としていてほしい、と家族には言っているんだ」

元副社長は後に「債務隠しの当事者の一人」と指弾された首脳だ。巨大証券会社の役員室で、彼も喘ぎ苦しみながら自分の役割を演じていたのだろう。

「さてと」。心にそう言い聞かせて、彼女はエキストラの群れに戻った。

――私も演じきらなくては。ここに来たのは、自分に区切りをつけるためだったんだから。

「泣きの一回」は使ってしまった

田中浩治（自由が丘支店→ＷＯＷＯＷ・ＩＲ経理部リーダー）

小さいころから時代の風に乗って生きてきた。

小学校のころに『キャプテン翼』が流行《はや》るとサッカーに熱中し、漫画『ドカベン』を読んで中学の野球部に入った。高校のラグビー部で汗を流したのは学園ドラマ「スクール☆ウォーズ」の影響だったし、証券界に興味を持ったのは、大ヒットしたテレビドラマ「愛という名のもとに」で真面目な証券マンの姿を見たことが大きかった。

山一自由が丘支店が閉鎖された後、ＷＯＷＯＷの営業職を選んで入ったのも時代の突風に押されたのだろう。

山一破綻は入社四年目のことである。山っ気の多い人間だが、独立心があったわけでもないので、会社崩壊がなく無風のままであったら、たぶん山一に勤め続けていた。

ＷＯＷＯＷは面白い会社だ。中途入社の仲間が多いし、山一破綻経験者だと珍しがってもらえる。それに、タブーを恐れずにドラマや番組を作り続けている。まさか、自分が転職した会社が、「しんがり」という山一破綻を題材にした連続ドラマを作るとは思わなかったが、自分で選んだ会社の作品であることが誇らしかった。

営業から経理へと移ったが、あのときの廃業は自分の人生には良いことだったのだと思う。山一破綻のとき、多くの企業が再就職先として名乗りを上げてくれた。モトヤマはそれだけ期待されていたのだと田中浩治は思うことにし、転職を積極的に受け止めている。

だが、今度、もし同じようなことがあったら、その会社を選んだ自分が悪いのだと思うことにしている。もう「泣きの一回」は使ってしまった。

会社を元に戻して売ってください

菊池裕子（清算業務センター→富士銀行→区役所）

なぜ階段に花束が置いてあるのか、その外資系ビルに出入りする社員たちは知らない。気付いたときにポツンとあったのだ。清掃や警備担当者は何も見ていなかった。中年の女性がビルの前にずっと立っていたことにも気付かなかった。

このビルが五年以上も前に、兜町山一ビルと呼ばれていたことと、その花束を結びつけて考えた人は、もちろん誰もいなかった。それは三六年間、東京の兜町で生きた菊池裕子の小さな儀式だった。

そこまでの日々を、彼女は静かな筆致で二度、手記に残している。

最初は一九九八年七月末、山一清算業務センターを去るときに、二度目は二〇一七年四月に書いた。

手記は、いずれも清算業務センター長だった菊野晋次が、センターを縮小するときと、破綻から二〇年を迎えたときのそれぞれの節目に、一つの時代の記憶として「手記募集」をセンターに勤めたモトヤマたちに呼びかけたものだ。一九九八年は計三〇篇（通称「サヨナラ」の手記）が、二〇一七年には八篇（同「頑張っています」の手記）が集まり、菊野たちはそのたびに小冊子にまとめ、書き手に送付した。菊池の手記はその中の一篇である。

菊池の最初の手記、つまり「サヨナラ」の手記は、一九九八年七月三一日の夕刻、彼女が両手に荷物を下げてセンターの裏玄関から出るところで終わっている。

菊池は山一の証券管理部決済課に所属した律儀な社員であった。山一が経営破綻すると、決済課では彼女一人だけ清算業務センターで働く。そこに最後まで残るつもりだったのだが、たまたま富士銀行に再就職が決まった。彼女は六月二六日、山一最後の株主総会に出て、清算業務の残りを大急ぎで済ませ、あとは誰が処理してもわかるようにメモを作った。

そして最後の日、センターの守衛室の前を通って外に出、ビルを仰ぎ見る。こう書いた。

〈いろいろの出来事を呑み込んで、山一證券は消えてしまうけれど、私は在職していたことを誇りに思い、忘れないことを誓って、二八年四ヵ月間、他の土地に行く事も無く、通勤し続けた兜町山一ビルを後にした〉

二度目の、つまり「頑張っています」の手記は、A４判で九枚という長文で、「サヨナラ」の手記集を清算業務センターの元同僚から手渡されるところから始まる。受け取ったのは手記を書いてから三年後だった。どうしたことか、小冊子が彼女には届いておらず、元同僚は「私のところにあるよりも、この手記集はあなたが持っている方が良いから」と言った。

彼女は自宅で封筒から出して読み、あのころの空気を思い出していく。

再スタートの職場は、富士銀行のカストディ（資産管理）業務室である。海外の金融機関の代理人として有価証券の取引に当たるのだが、英語表記が多く、苦労の連続だった。さらに手形業務なども転がり込んできて、銀行業務全般を勉強することになる。残業の日々が続いたが、温かな職場だったのでこれも良い経験だと彼女は受け止める。

二〇〇〇年一〇月、上司だった課長が出向することになった。同い年である。

「僕はこの会社に入るのを目標に頑張って入社したので、富士銀行で定年を迎えたかった」

残念そうに課長は言った。別の同期の課長も出向になる。都銀では忠誠を誓う人材も淘汰されていくのか。彼女は不思議な感慨にとらわれる。

――山一證券では人を残したまま会社が無くなり、富士銀行では会社を残すため、出向という形で人を無くしていく。

二〇〇一年二月には、菊池を見守ってくれたカストディ業務室の部長も出向する。親しい人の出向が続いた。内示を受けると肩を落として何日かを過ごし、去って行った人もいる。その人は制服を用意してくれたり、「何か困っていることはないか」と常に声をかけてくれたりしていたのだ。人は川の流れのように消えていく。翌月、山一清算業務センターで親しくなった女性が知らせてくれた。

「山一土地建物のビルが日興證券に売れました。山一證券と子会社が所有していた不動産も全部です」

これで山一のすべての物が無くなったのだ。

九月一一日、アメリカ同時多発テロ事件が起きる。富士銀行は第一勧業銀行、日本興業銀行との三行合併を目前にしていた。銀行全体が慌ただしく動いていたときに、ハイジャックされたユナイテッド航空機が、富士銀行ニューヨーク支店や現地法人も入る世界貿易センタービル南棟に突っ込んだ。悲惨な映像が世界中に流れた。支店長をはじめ、一二人が犠牲になり、日本の本支店で悲痛な叫び声が上がった。

「一緒に働いた人が亡くなりました！」

他の課の女性が泣きながら募金を呼びかけた。カストディ業務室は、海外の会社との関わりも多い。外国人社員も在籍し、ニューヨーク支店に転勤したり、逆にニューヨーク支店から転勤してきたりしていたので、衝撃の残像は消えなかった。

その最中にも合併の準備は本格化していく。二〇〇二年四月一日、三行が統合されて、富士銀行は巨大な「みずほ銀行」になった。

とたんに、みずほ銀行のATMがシステムダウンし、兜町支店の店頭も大騒ぎになる。他の部署の社員たちもほとんどが店頭に出、菊池も午後から店頭に立って手伝った。店内は顧客で溢れ、彼女は山一支店の大混乱を思い浮かべた。しかし、事情は全く違っている。みずほ銀行社員は、会社をダメにしないために忙しく働いているのだ。

二〇〇四年一月以降、転勤、転職、退社するという社員が、他の課から次々に挨拶にやってきた。菊池が入行したころから続く出向が、三行統合後には加速した。「出向対象年齢が五〇歳から四五歳に下がった」と彼女は聞いている。

正社員が減るのとは逆に、人員不足を補う派遣社員がさらに増えた。合併に伴うリストラが急激に進んでいたのだった。山一の社員が再就職先を転々とする理由の一つに、合理化という名の人減らしがある。そのとき、菊池はどう対処したか。

「何がなんでも定年までは居なさいよ」

山一時代の先輩女性からそう助言された。先輩は山一の清算業務に汗を流した後、自宅で過ごしている。辞めれば職探しに苦労するということだろう。しかし、菊池は「職場の情況を判断して去るのが、こういうところの流儀なのだろう」と考え、退社を決めた。

兜町で片づけなければならないことがあった。それで退社前に一週間の休暇を取った。

まずは自分の株券を預けていた銀行の貸し金庫を解約するため、株券の売却から始める。山一最後の株主総会に出るための入場チケット用に四株の山一株を買っていたが、それも他の株券と一緒に金庫の中に残していた。

配当金取りが目的で買った銘柄と、いま配当のある銘柄だけを残して、小さな証券会社に持ち込んだ。かなり前に仕込んだものの、仕手相場で売買のタイミングを逃した銘柄があったせいか、店頭にいた年配の社員が問いかけてきた。

「他にも株をお持ちなのではありませんか」

「ありません」

と彼女は答えたが、内心ではこう思っていた。

――あります。四株分の紙くずになった山一證券株があります。会社を元に戻して売ってください。

店頭の男性は「株はお預りしておいて、値動きを見ますか」

と尋ねる。菊池は答えた。

「いいえ、兜町を卒業するので、明日以降の成り行きで」

みずほ銀行勤務の最後の日を迎えた。挨拶回りをして、彼女は餞別《せんべつ》を受け取る。ほとんどの社員は帰ってしまったが、フロアの出口で若い男性社員が待っていた。菊池が入社した約二年後に転勤して来た、肌の色が黒く、英語をペラペラ話していたので外国人かと勘違いした若者だ。実はサーファーだったという。銀行に入社して一番の驚きだった。

昼食時に「ハワイの大会に行って来た」とか、どこの海がいいとか、波乗りの話を毎日のように彼女は聞かされた。そんなとき、彼は「会社では誰も相手にしてくれなかった」と言っていた。職場の人と付き合わなくても、仕事ができれば会社にいられるのだ。

彼女は手記をこう続けている。

〈その彼が、私の荷物を持って玄関まで付いて来た。

銀行の外に出て建物を見上げた。ここでも色々のことがあった。新緑の街路樹を見ながら鎧橋方向に進んで証券取引所の前を通り、一九九八年七月三一日に後にした、山一兜町ビルの裏玄関に向かった。いまは他社に渡ってしまって……。

あの日は、引き続き兜町での勤務が決まっていたので、またこのビルも見にくるだろうと思ったけれど、今回は最後になる。

遠い日々のことを思い出しながら、周囲を通る人がいなくなるのを待った。手にはみずほ銀行の所属の課から贈られた花束を抱えていたが、これを受け取るのは私ではなくて山一證券なのだと思い、ビルの階段上の右脇にそっと置いた〉

第八章　逆境をバネに

口に入れるものは自分で稼ぐ

三木るり子（吉祥寺支店ミディ課→大手都銀）

社長と名字が同じだったから、という単純な理由で入った会社が大好きになった。その社長は後に逮捕される。三木るり子は「ミディさん」と呼ばれる女性外務員として働いていた。

破綻の日は、いつもと変わらない一日になるはずだった。三連休で京都に帰るという支店長に、「ごゆっくりしてきて下さいね」と声をかけると、「行ってきます」と笑顔が返ってきた。だから、その直後に聞いたニュースも、何のことかわからなかった。

最後までお客様に尽くそう、と清算業務を続けた。多くの社員がそう思っていただろう。それに対して、トップのいい加減さはどういうことなのか。約二六〇〇億円の簿外債務をはじめ、社員に知らされていないことがあまりに多すぎた。

最初の転職先も大手証券会社だった。四六歳だったが、山一で学んだことが活きた。まだパソコンが普及していなかった時代だったが、山一では社内用に一人一台のノートパソコンに加え、顧客訪問用にも一台支給されていた。株価分析ソフトの操作方法も研修センターで教えてもらっている。

ところが、再就職先では、六人で一台のパソコンを共有し、株価分析ソフトは所長のパソコンでしか使うことができなかった。操作に長《た》けた者がいるはずもなく、三木が指導することになった。破綻という危機をチャンスに変えられたと思った。

証券会社に勤めていると、理不尽なことがいくつもある。運用で儲かったときに褒めてくれる人は少ない。功績は忘れられ、損をしたことだけが指摘される。

値上がりしないと思われる投資信託を紹介するよう指示を受けたこともあった。三木はリスクを説明して、顧客にその商品を勧めることはしなかった。上司に営業の進捗を尋ねられても、突っぱねた。

「お勧めしたのですが、断られました」

そんな態度を続ければ、評価は上がらないかもしれない。

――でも、出る杭は打たれても、間違っていることに対しては、抵抗を続けなければいけない。

そう考えて自分の意見を通した。何があっても再就職はできる。一つの会社にこだわることはない、と破綻を通じて学んでいる。

大手証券から都銀に転職した後、六〇歳過ぎで退職した。口に入れるものは自分で稼ぐ、という気持ちを持ち続けた。そして、どんなことがあっても前進するしかない、と信じた会社員人生だった。

毎年、モトヤマの仲間たちと、東京・吉祥寺の焼き肉屋で「山一会」を開く。たいてい一五人ほどが集まる。

「山一は、人が良すぎたよね」

肉をひっくり返しながら、三木は仲間と話した。育ちが良く、腰は低く、プライドは高く。そんな不器用な山一人《びと》たちが、いまでもいとおしい。

「山一なんだから頑張りなさい」

竹之内久美子（奈良支店投資相談課課長代理→アーティスト）

竹之内久美子から私に届いた二通のメールとアンケート回答の文章は、流れるように心地良い調子である。まるで独白のようだ。それをほぼそのままの形で残したいと思う。

私に最初に届いたメールには、〈『しんがり』を執筆いただき、ありがとうございました。特に冒頭の場面は、廃業直前まで一緒に仕事をしていた組合メンバーの様子が書かれており、胸が熱くなりました〉とあった。作家冥利に尽きると思った。

〈私は、一九八五年に山一證券に入社し、廃業までの一三年間、カウンターレディとして、奈良支店に勤務しておりました。また、従業員組合の非専従執行委員も兼務しており、山一に対する思いはとても大きいものがあります。

自主廃業のニュースを聞いたときは、何も考えられず、何の感情もありませんでした。悲しみや驚きから何も考えられなかったのではありません。テレビから流れるニュースが、他人事のような、遠い国で起こっているように感じました。その後、少しずつ自分の中の「理解」が深まってくると、お客様にご迷惑をかけてしまうことが心苦しかったです。直前に社長交代があり、これから社員一丸となって会社を良くしていこうという時期であったので、「なぜ」という思いはありましたが、会社をクローズしていく作業に追われ、感慨を持つ時間もなかったというのが本音です。

破綻の翌年二月に奈良支店が閉鎖するまで、お客様の資産を返却する業務をしました。その後、メリルリンチ日本証券に行きました。四年後、大幅な業務縮小により早期退職をし、三菱ＵＦＪモルガン・スタンレー証券に移りました。

山一出身者として期待され、歓迎していただく一方で、どちらも中途入社ではあり、一から実績を積まなければならないこと、組織内にコネクションがないことなど苦労もありました。

自分はどのような仕事をしたいのか、どう生きていきたいのかを考えました。自分を信じ、目標に向かって、死に物狂いで努力する。現実を受け入れ、流れに逆らわない。柔軟でありながら、ブレない軸を持つ。いずれも、破綻から学んだことです。

努力を続けると嬉しいこともあります。再就職先で女性管理職のはしりのような存在だった私に、部下たちが、将来は私のようになりたい、と言ってくれたのです。最近は志を持ち、男性と同じように働きたいと思う女性が多いです。

部下が、会社のホームページで私のことを「最初の上司が竹之内さんであってよかった」と書いてくれたときには、山一から継続して頑張ってきたことが報われたようでした。

もう一つ、私を支えたことがあります。転職後、「山一なんだから頑張りなさい」と多くのお客様から励まされ、応援していただきました。ありがたく、身が引き締まる思いでした。その言葉があって、破綻後の人生を歩くことができたと思います。

やりたいことを求め、三菱ＵＦＪモルガン・スタンレー証券を早期退職したのは、四〇代半ばを過ぎたころでした。五年前より、現在のアーティス株式会社に勤務をしております。山一證券のメンバーが創業した会社です。

当時は、なぜ「廃業」という事態になったのか、納得ができませんでした。怒りではなく、大きな疑問でした。二〇年経った現在でも、山一證券が廃業したことは、とても残念であり悲しく思います。

本音を言うと、転職などせずに、ひとつの会社でキャリアを積む人生は、大変羨ましく思います。私の場合、数回の転職を余儀なくされました。しかしその都度、「働くこと」について真剣に考える機会があったことは幸運だったと思います。

いまでも、お客様と山一の話をすることがあります。廃業から二〇年経ち、私をいまだに「元山一證券社員」として応援していただけることに感謝しております。

恵まれた職業人生です。山一證券に入社したときには、考えられなかった大波がありましたが、素晴らしい経験もさせていただきました。その中で頑張ってきた自分自身が誇りであり、結構面白い人生だとも思います。映画みたいな人生だな、と言っては、少し言い過ぎでしょうか〉

三方一両損

谷川正（資本市場第二部課長代理→日本ハム総務部）

『三方一両損』という落語がある。大岡政談ものの一つである。

左官の金太郎が三両入った財布を拾うことから、この噺《はなし》は始まる。落とし主が大工の吉五郎とわかって、そこへ届けに行くが、吉五郎に「俺の懐を嫌って出て行った銭などいらねえ」と突っ返され、金太郎も「俺も銭が欲しいわけじゃねえや」と喧嘩になる。それを大岡越前守が三両に一両足して四両とし、二人に二両ずつ与えて言い渡す。

「二人とも三両手に入れることができるところを、二両ずつになったので一両ずつの損、越前も一両の損。これを三方一両損と申す」

職人二人の意地の張り合いと、さっぱりとした江戸っ子の気性が描かれている。

谷川正は、これを全員が一歩ずつ退いた話だと考えた。経営学に「ｗｉｎ－ｗｉｎの関係」という言葉がある。双方が利益を得られる取引形態のことを指す。『三方一両損』は、それを三者が少しずつ退くことで、「ｗｉｎ、ｗｉｎ、ｗｉｎ」の関係を築いている、と考えたわけだ。

谷川は、資本市場部に在籍していた。企業が市場から資金を調達する際のサポートが主な業務で、とかく株式の発行体企業に寄りがちだ。だが、一時、発行体企業が過大に儲けたり、投資家が食い物になったりするようでは、結局、企業が継続的に市場から資金を調達することにはつながらない。発行体企業と証券会社、投資家のいずれも一歩ずつ退くことだ、と、三つのｗｉｎを心に刻んで働いていた。

破綻のときは三六歳だった。米格付け会社ムーディーズが一一月六日に、「山一證券の格下げを検討する」と発表し、同僚と「やばいな」と冗談まじりで言い合った。それが「まさか」になり、「なぜ、業界四位の山一が……」と絶句した。

だが、悲嘆に暮れていても始まらない。担当していた日本ハムの役員から誘われ、入社した。温かく受け入れてもらえた。

二度目の破綻を経験することになるかもしれない、と思ったのは、谷川が四一歳のときである。国内初となるＢＳＥ（牛海綿状脳症）感染牛が発見され、食の安全が揺らいでいた。政府が国産牛肉の買い取り事業を始めると、雪印食品（のちに解散）が輸入牛肉を国産牛肉と偽って補助金を詐取していたことが見つかり、連鎖的に業界最大手の日本ハムの不正も発覚した。

危機に陥る中で、冷静に対応ができたと思う。一度職を失った身だから、と開き直る自分がいた。少々のことがあっても命を失うわけではない。タフになっていることに気付いた。どんな大企業でも破綻をすることがある。自分の人生は、会社が面倒を見てくれるわけではない。

それでも企業で働くのはなぜだろう。何かの形で社会の役に立ちたいからではないかと谷川は思う。山一が破綻したことで、自分は一両の損をしたかもしれない。でも、会社と自分と社会全体の三方が「ｗｉｎ」になるように、これからも働いていくだろう。山一マンであったことの誇りが、気持ちを前に向かせてくれている。

最後まで見届けることができなくてごめんなさい

前田友子（清算業務センター→日興ビジネスシステムズ）

短大を卒業し、前田友子は二〇歳で山一に入社した。完全失業者が一〇〇万人を突破した一九七五年のことである。そのころの本社は兜町にあり、業界四位に甘んじていた山一は「女子営業戦力の活用」を打ち出した。不況が深刻化する中でも、兜町界隈《かいわい》は右を見ても左を見ても証券会社が立ち並び、活気があった。朝は通勤の証券マンであふれ、証券取引所は場立ち（取引担当者）の熱気に満ちて、取引所の売店も客が数珠つなぎだった。年始は女性社員が着物姿で出社し、街中が華やかになる。そんな時代だった。

まだ若かったからだろう、本社で採用された前田には、周りは年寄りばかりに見えた。話が合わない。午後五時まで働き、そこから先は自分の時間と割り切った。居心地よく感じられたのは、年次が上がっていってからだ。三〇歳になり、四〇歳を迎えて、上司と歳が近づいていく。次第に会社への愛着がわき、結婚と出産を経て働き続けた。

破綻のときは四三歳だった。驚いたが危機感や不安はあまりなかった。性格が楽観的なのだ。それに目の前に膨大な残務整理が待っていた。彼女は山一の全店が閉鎖された後も、清算業務センターに留まって働き続けた。そのセンターが縮小される際、次のような「サヨナラ」の手記を寄せている。

〈(センターの) 大会議室は株券の山・山・山でした。最後になって、いままでに見た事もない量の株券の山でした。これが、いままで先輩達が汗水流して開拓した顧客なんだと思うと、とても寂しい気がしました。

毎日一枚一枚数えて虫ピンで留める、地味な仕事でした。(中略) 今度は一変して、電話攻撃の毎日で、電話の音がしばらく頭から離れませんでした〉

電話とは顧客から殺到した抗議や苦情電話のことだ。それを数日聞いているだけで、何キロもやせるほどすさまじかった。

その前田たち九人に九八年六月、日興ビジネスシステムズ (BS) から求人の話が舞い込んできた。清算業務センター長の菊野はすぐに転職するように助言する。社員だけでなく大半の役員までがとっくに再就職を果たしている。そう若くはない〝しんがり社員〟たちがこの機会を逃すと転職は難しい、というのだ。

「あとは残った者でやるから、先に行きなさい」

その助言に従って、前田は山一から日興BSへと移り、二〇一五年三月に定年を迎えた。前年には脂腺がんの手術を受けたが、夫や二人の子供にも支えられ、再雇用されていまも働き続けている。人生を後ろ向きには考えたくないと思う。「人生は何があるかわからない。

だったら楽しく生きた方がいい」と彼女は言う。

あるとき、仕事のついでに兜町に立ち寄り、証券マンであふれていた道をたどってみた。街は様変わりし、静まり返っている。懐かしく、寂しかった。だが、若いころに通ったサイコロステーキを出す店が残っていて、古き良き時代を思い出した。自分の社会人人生はこの街から始まった。そう思うと同時に、山一時代の終わりを思い出した。

清算業務のただなか、センターを去るとき、電話が鳴り響くセンターで彼女は涙を流しながら挨拶した。

「最後まで見届けることができなくてごめんなさい」

上司だった嘉本隆正にも改めて挨拶をした。それほど付き合いが深いわけではなかったが、嘉本は最後に働いた業務監理本部の本部長だった。次々と皆が別れの挨拶に来るからか、嘉本は少し哀《かな》しげに言った。

「あんたもいなくなるのか」

山一の最期を見届けた嘉本や菊野たちの姿を「しんがり」のドラマで見た。胸に衝き上げるものがあり、涙が止まらなかった。

〝タコ〟と山一證券株式會社

植原健（清算業務センター→マンション管理組合副理事長）

「サヨナラ」の手記に、植原健は一風変わった文章を寄せた。

〈右手の中指に〝タコ〟が発生した。

大学卒業以来、絶えて生まれることのなかった〝タコ〟

いま、厳然とする在を主張している。

四月一日清算業務センターに参加して以来七ヵ月間の仕事がこの〝タコ〟なのだ。

この〝タコ〟が私の指から去る頃、日本はどうなっているのだろうか〉

破綻の苦労のすべてを指だこに込めた、わずか五行の手記だった。破綻から二〇年後、菊野が再度手記を依頼したところ、返信はなかなか届かなかった。諦めかけていたころに「近況報告」と題した手書きの文章が送られてきた。遅れた理由は、マンション管理組合の副理事長を務めていて、総会準備で夜遅くまで忙しいうえ、〝老老介護〟で精一杯なのだという。

〈九〇歳の叔母の特別養護老人ホーム探しに、あちこちの老人ホームを訪問したり、心臓機能障害で一級身体障害者の家内の入院中の世話をしたりで、三方より寄せられる種類の違う

問題を処理するのが精一杯で、他のことに気が回りませんでした〉

叔母の老人ホームが決まり、マンションの総会を終え、妻が二度目の入院から帰宅したのは五月の連休のころだったという。ようやく手記にとりかかろうか、というときに、妻が緊急入院をした。

〈六月八日に、家内が三度目の緊急入院となり、退院したばかりの東京女子医大病院にまた戻ってしまいました〉

そして、目まぐるしい毎日がまた始まった。文章は切実である。

〈六月九日、一〇日は入院の事務手続きや、入院に必要な物を買い集めて届けて終わり、今日は一一日、今日この文章を完成させてポストに投函しないと、明日は、叔母の特養からの請求書の代行振り込みをし、女子医大に入院予納金の支払い、洗濯物の交換に出かけます〉

手記という形の内容ではないので申し訳ない、としたうえで、こう結んでいた。

〈当面は家内がまずまずの家庭生活が営めるところまで回復してくれることを期待して、見舞いを続けることになりそうです。その他のことはすべてこの問題が解決してから考えることにいたします〉

読み終えてふと見ると、便箋の左隅に小さく「山一證券株式會社」と書かれている。山一時代の便箋を使って書いてくれたのだ。介護に追われる中で引っ張り出したのだろうか、あるいは、いつか使おうと大事に温めていたものなのだろうか。

二度目の手記には一切、山一時代の話は出てこない。だが、便箋の片隅の文字が、「私はモトヤマです」と語っている。

ルール通りにやるんだ

岡本昇（清算業務センター→証券会社）

これは、岡本昇が私たちの電話取材に答えてくれたことである。

「山一を辞めた後、一年間休み、それから他の証券会社に行きました。山一時代は売買監査室でコンプライアンスを担当してきたのが印象に残っていますね。それだけに破綻は悔しいです。法令違反ですよ。（山一は一九六五年に日銀特融を受け）一度は挽回したのに結局、ああいう不正をやったというのは悔しいというしかないです。四〇年勤めて、定年間近でそういうことがあったわけですから。山一に最後まで勤められなかったのは残念ですよ。友達もいましたが、昔のことを思い出したくなくて、電話もしない状態です。

再就職先でもコンプライアンス関係の仕事をしたのですが、監視委員会からも会社からもすごく感謝されたんです。口座開設にあたっても『これはダメです』と社長に注文を付けると、『そうか、さすが山一だ』と言われたりね。仕事に関しては良かったですね。しかし、再就職先で四年くらい勤め、六三歳になったので、これ以上はと退職したんです。『法令違反は絶対しない』『ルール通りにやるんだ』というノウハウを若い人に伝えることができたと自負しています。

山一（業務監理本部）にも良いところがあって、そのルール通りにやるということを伝えられたんです。それが密かな支えになっていましたね。僕ら、売買監査はお客さんを守らないといけないんですよ。それは先輩から厳しく教えられた。そのノウハウを、山一ということを出さないで、伝えられたと思います」

これ以上のどん底はない

森田定雄（清算業務センター↓オリックス生命）

森田定雄は清算業務センターに残って株券や債券などを顧客に返し続けた一人だ。その体制が縮小するときにまとめた「サヨナラ」の手記に、「清算業務を終えて」という一文を寄せた。

〈自主廃業決定、営業停止、早一年になる。最後は都内支店であったが、一一月二四日以降約二週間は、毎日帰宅は午前零時すぎ、朝六時三〇分に家を出る毎日であった。

店頭は客であふれ、人波が押し寄せて来る。怒っている客、わめいている客、身の危険も感じる。電話は一日中鳴り止まない、不安とイライラ、パニック状態であった。何とかしっかりしなければ、担当のミディや家族のために、冷静でいようとした。

第一に客への対応、第二にミディの再就職を心がけた。そんなこんなで二月末の閉鎖にこぎつけた。

縁あって三月より、清算業務センターに勤めさせていただき、やっていけるか不安であったが、諸先輩方のご指導をいただき、客とのコミュニケーションを第一に心がけ、何とか無事完了することができました。

この一年間を思い出すと、正直言って早く忘れたいと思うが、しかし最後の清算業務センター諸先輩方々の、あったかい心にふれ、さすが〝人〟の山一と思う。皆様のますますのご活躍とご健康を祈ってます〉

その森田に今回、取材をお願いしたところ、淡々とこう答えた。

「オリックス生命にお世話になったのですが、かなりいい人に恵まれました。一方、昔のことはまだ心の整理ができていない感じです。底を見たのでね。嫌な思いもしましたし。『自分は底を見てきた人間だから、これ以上のどん底はない』と。そういう気持ちでトラウマを吹っ切りました。でも二〇年前という感じはしません。まだ五、六年前の感覚ですよ。まだ何年かたたないとしゃべれませんね」

明日に備えていま頑張ろう

伊藤清三（清算業務センター→民間企業）

伊藤清三もその森田定雄同様、多くを語らない。センターの退職を「卒業」と呼び、転職先で「明日に備えていま頑張ろう」と思い続けた。元気でやっていくには頑張るしかないんです、と電話口で語った。

神様も捨てたものじゃない

石丸雅興（清算業務センター→りそな銀行）

「この二〇年、自分を支えてきた言葉ですか……」

そう言って、石丸雅興は電話の向こうでしばらく考え込んだ。

「再就職は、富士銀行、りそな銀行で一〇年くらい勤めて六八歳で定年になったんだけど、破綻後の一〇年は穏やかだったなという印象ですね。まるで戦国時代から徳川時代になった感じですよ。たいへんなところを泳いだけど、それが血肉になっていた。そのおかげで穏やかな時代を過ごせたのかなとも思いますね」

退職してから六、七年経つが、あの戦国時代がなければいまをどう過ごすか、迷っただろうとも言う。

「あの時代に勉強させてもらったこと、そしていまでも相場に関心をもっていて、そこから収入を得ることができている。これが自分の楽しみになっています。苦労は多かったけど、神様も捨てたものじゃないなと思いますね」

そういう感じで七六歳、と彼は言った。水戸支店に勤めたモトヤマで作る「水戸会」にはいまでも泊まりがけで行く。金銭的にも中の上の生活ができるのは、山一の過酷な環境で勉強してきたことが役に立っている。そこにいたときはきつかったという気持ちが強かったし、思い出したくないが、こうも考える。

「いまのこの空白みたいな時間の中で、どう生きるか。みんな趣味に生きるというけれど、どんなことを選んでもこの空虚にいることになると思うんですね。自分の場合、この生きているという実感は、山一で勉強してきたことの結果がもたらしたものだとも思うんですよ。『苦労はしたけれど、神様も捨てたものじゃない』ということですね。それにとてもいい人たちだったなとも思っています。山一は良い人を集めていたなとも思います」

そして、「けれどね」と取材する私たちにクギを刺した。

「ドロドロのころを思い出して書いてくれと言われても、それは嫌ですね。思い出したくないという気持ちがあるんだよ」

第九章　元社員のプラットホーム

モトヤマはいりませんか

京岡孝子（荻窪支店課長代理→人材派遣会社管理部長）

最後まで負けてはいなかったです

永野修身《おさみ》（千葉支店副支店長→人材派遣会社社長）

山一の社旗を押し立てて山一證券を再興しようという者がいる。京岡孝子はその輪の中にいた。

彼女は、山一證券荻窪支店の元課長代理である。中堅人材派遣業「マーキュリースタッフィング」（本社・東京都港区赤坂）を、千葉支店副支店長だった永野修身と二人で設立して、一四年が過ぎた。

京岡は山一では営業畑だった。だが、会社を興すときに周りには誰もいなかったので、本を読み漁って登記所や税務署、社会保険事務所を走り回っている。素人であっても会社の母親にはなれるものだ。わからないことばかりで泣きたい日が続いたが、時間貸しの事務所からスタートし、ともかく設立登記から税務申告、年金、健康保険の手続きに至るまですべての事務手続きを一人で整えた。

だから、肩書は「管理部長」でも、社長の永野には「同志」と呼ばれている。

永野たちはずっと特許庁長官あてに「山一證券」の商標登録申請をし続け、認められずにいた。旧山一と関係があるかのように混同される、というのだ。その登録申請文案と意見書を練り、提出してきたのも京岡である。

「いまどき、お家再興？　赤穂浪士ですか」

私がそう尋ねたら、京岡は一六四センチの体を小さくして、恥ずかしそうにうつむいてしまった。代わって永野が胸を張って答える。こちらは一八四センチ。法政大学体育会少林寺拳法部の元幹部で、だいぶ減量したが、かつては体重が一〇〇キロもあった。

「いやあ、山中鹿之助ですね。『我に七難八苦を与えたまえ』の心境です。山一本社が大赤字のころも、僕のいた千葉支店は稼ぎまくっていた。最後まで負けてはいなかったです。もう一度、僕たちを『新生山一』で勝負させてもらいたい」

山中鹿之助は、中国地方の戦国大名「尼子家」の再興を図って奮戦した尼子勝久の家臣だ。彼らがお家再興に挑んだように、「山一證券」の四文字を取り戻したいのだという。

永野は山一最後の社長となった野澤正平を、マーキュリーの社外取締役に迎えている。それも、自分たちの〝正統性〟を知ってもらいたいということらしい。

一方の京岡はしかし、非情な兜町に戻りたいというわけではない。ノルマ営業はもうこりごりだ。

彼女は一九八三年に埼玉大学経済学部を卒業し、日刊工業新聞の総務局長だった父の勧めで山一に入った。「善い人が多いから」と父は言った。

以来、一四年間、富裕層の多い荻窪支店でカウンターレディ（CL）を務めた。店頭と電話勧誘で株や投資信託を売る営業職だ。居心地の良い中堅支店だったが、九〇年代に入りバブルがはじけると、男性社員と変わらない厳しいノルマが課されるようになった。

支店のノルマは、営業マンと「ミディさん」と呼ばれる女性の証券貯蓄外務員、そして一五人のCLの三者で分ける。それを小分けし、CL個人にも「一応、これだけやって」と声がかかるのだ。

破綻した一九九七年に向かうにつれて、ノルマはさらに増えていく。しかし、得意先に勧めた銘柄は上がらない。その繰り返しで、その日の支店の売買目標を達成できないと彼女たちも帰してもらえなかった。つらくなって退職するという者が続出する。

そんなときに、山一臨終の日は突然、やってきた。

三連休の初日で、京岡は同僚と京都に遊びに行く予定だった。テレビを見て呆然とし、我に返って駅へ走った。新幹線の切符を同僚の分も含めてキャンセルするためだった。二泊三日で宿泊するホテルにも断りの電話を入れた。すると、「申し訳ありませんが、のちほどキャンセル料を請求させていただきます」。ホテル従業員の声も非情に聞こえた。

ＣＬを束ねていた京岡は独身で、酒付き合いを断らない。その気風の良さで、「姉御《あねご》」と呼ばれている。その日、青ざめた仲間が次々と彼女のマンションに集まってきた。テレビニュースを見ながら女四人で飲み始め、誰とはなしに泣きだした。

それぞれ社員持ち株会を通じて購入していた山一株が紙くずになっている。京岡は老後の蓄えとなるはずだった五〇〇万円近くの資金を失った。それが悲しいのではない。

「私たち、なんにも悪いことしてないのにね」

「ひどいよ」

翌二三日も飲んでは泣き、二四日朝、まぶたを腫らしたまま、四人で京岡の自宅から出勤した。その日の午後、社長の野澤が記者会見でうめき声を上げたが、彼女たちはもう、泣いてはいられなかった。

それからは、一歩引いたところで物事を見つめるようになった。欲をかくと碌《ろく》なことはない。京岡は言う。

「山一は大企業病でした。バブルに生きた人々は、自分を含めおかしくなっていましたね。証券や銀行は、私みたいな担保のない人間にもカネを貸し、不動産投資や株取引を勧めていました。インサイダー情報が私たちの世界にまでまかり通っていたんですよ。営業マンが自ら株を買って儲けていました。二〇代でこれだったら五〇代は楽勝だね、という気持ちが社員たちのどこかにあったんだと思います」

荻窪支店が閉鎖されたのが翌九八年二月。翌月から、彼女は同僚たちとともに外資証券の営業職に移った。そこで外資独特の切り替えの早さに驚き、ついていけないと思うようになった。「大口顧客狙いでやれ」と言われていたのに、結果が出ないと、「じゃあ、違う方法で小口顧客もいけ」。それが手間がかかると見るや、「そういう細かいものはやめよう」と方針が変わる。山一のころは会社を批判することもできたのに、口に出しづらい空気が満ちていた。そんな職場が四年で嫌になり、希望退職に手を挙げた。

永野の存在はその外資証券で知った。京岡よりも先にそこを辞めて大手派遣会社のノウハウを学んでおり、こんな話を持ちかけてきた。

「自分たちの人材派遣会社を作ろう。山一の人たちも雇えるぞ」

山一證券の社員たちは再就職先に困らなかったという話がある。だが、本当の試練は再就職した後に訪れている。事前の話とは条件が違っていたり、より厳しいノルマがあったり、収入は歩合制ですぐに仕事に行き詰まったり、人間関係がうまくいかなかったり——。そして、再就職先でリストラに直面した元社員も多かった。

できれば、そんなモトヤマの世話をしたいものだ、と京岡は思っていた。うまく逃げ切った人もいるだろうが、山一破綻で苦労を味わった同僚たちには、転職先や派遣先を斡旋することで幸せになってもらいたい。

「モトヤマはいりませんか」というわけだ。

京岡はいつも遠慮がちだ。あなたには何か人生訓のようなものはあるのか、と京岡に尋ねると、ちょっと古い、こんな言葉が返ってきた。

「人間万事塞翁が馬、ですかね」

収入があれば、人生最大の決断に踏み出せる

佐野淳子（荻窪支店→人材派遣会社課長代理）

二〇〇三年春、前掲の永野修身と京岡孝子が人材派遣業の旗を上げると、たちまちモトヤマたちが集まってきた。金融機関の派遣社員だったり、半年以上、高速道路の警備員を務めたり、アルバイトで郵便局の集配業務をやったりした者もいた。旧社員の駆け込み寺になったのである。

マーキュリーの登録者は約三万人に上るが、そのうち一〇〇〇人近くが山一関係者だった。六九人の社員のうち、モトヤマは京岡ら三人の女性を含めて一四人。一時は三分の一近くを占めていた。

このほかに、父親がモトヤマだったという女性社員が少なくとも三人はいた。二人は母親も山一に勤めていたから、モトヤマ二世ということになる。そのうちの一人は山一が破綻した日に九度目の誕生日を迎えた。母親は小さな声でこう教えてくれた。

「お父さんの会社がね、無くなったんだよ」

社員たちの多くが、そうした体験を経てここにいた。

佐野淳子は山一の一九九〇年入社組で、二〇〇六年にマーキュリーに転職してきた。彼女は山一の新人時代に上司の永野を知り、最初の転職先となった外資系証券で京岡と出会った。いまは京岡の隣席に座る管理部課長代理だ。

佐野は人生を二度、リセットしている。一回目は山一破綻の後、二回目はそれから一一年後、離婚届に判を押したときだ。

二つを比べると、離婚の方がずっと重かった。それは人生最大の決断だったような気がする。踏み出すことができたのは、この会社で一定の収入と自信を取り戻したからだ。

夫は山一の同僚だった。緻密な仕事ぶりで社内では認められていたが、家庭では気ままな自由人だ。佐野は子供が欲しかった。大喧嘩をするたびに、彼女は「夫に執着しなくても一人でやっていけるんだ」と気持ちを固め、荷物を持って実家に戻る。だが、いざ離婚するとなると、どんよりとした不安が心をいっぱいに占めた。

――食べていけるだろうか。いまのような時給一〇〇〇円のアルバイトで。派遣社員も三五歳までと言われているのに、一度、専業主婦となった私を、フルタイムで雇ってくれる会社なんかあるのだろうか。

現実が道をふさいでいる。しばらくして、とぼとぼとローンの残る家に戻り、溜め息をついた。

私が我慢するしかないんだろうか？

そんなときに証券会社に転職したモトヤマの友人から「人が足りないから、またやらない？」と誘いを受けた。迷っていると、今度は永野から電話がかかってきた。

「うちなら正社員で雇えるよ。アルバイトじゃもったいないから一度、うちに遊びにおいで」

出かけていくと、そこに京岡の懐かしい笑顔があった。

離婚したのは、マーキュリーで働き始めて三年後のことだ。結婚から八年半、三九歳の決断だった。

モトヤマの女性は独身者や離婚経験者が多い。経済力さえあれば独り立ちしたいという女性はもっといるはずだ、と佐野は思う。

「一人で寂しくないの？」。ふっくらとした頬に、くりっとした瞳が若く見えるためだろうか、彼女はよく尋ねられる。

連れ合いを持たないのは簡単な理由からだ。

このまま穏やかに、伯母のちょっと古くなった家を借りて暮らしたい。離婚のあの煩わしさを考えると、いまはなんて幸せなんだろうかと思う。

会社に行けば、古い仲間と一人暮らしの京岡がいる。彼女にとって、京岡は世話焼きの職人のような存在だ。外資系証券時代は京岡が営業で、佐野は事務部門にいた。証券業にからむ法改正があると、総務担当社員の説明を受けるのだが、よくわからなかった。すると、斜め前に座っていた京岡が「あのね」とやさしく解説してくれた。

「姉御というよりアニキだな」と思うこともある。

お先真っ暗に感じたときこそ頑張れる

藤田あゆみ（新宿新都心支店→大手銀行フィナンシャルコンサルタント）

その佐野淳子がマーキュリーに入社して五年後、かつての同期生が顔を出した。山一の九〇年入社組で一番のやり手だった藤田あゆみ（仮名）だった。転職先を探していた。

藤田は総合職採用で、山一で初めて支店営業に出された二人の女性のうちの一人だ。総合職の狭き門から入った女性は本社に配属されるのが常だったが、彼女は新宿新都心支店に配属されると、本社を仰天させるほどの成績を上げた。

後に脱税で逮捕され無罪になった大物弁護士に気に入られ、銀行と組んだ巨額の証券運用を任されたのだった。

彼女一人で毎月、支店の家賃が払えるほどの手数料収入を上げ、入社一年目に当時の社長・行平次雄から社長賞と新人賞の賞状をもらっている。その代償として、顧客の対応に追われ、睡眠時間は一日三、四時間。明るい性格で女性社員からは好かれたのに、生意気だと思われていたのか、男性社員の恋愛対象にはならなかった。

やがて、ゆっくり休みたいと思うようになる。三年で山一を辞め投資顧問会社に入る。安らぎを得たのは、「カネまみれだった」という生活から脱し、一九九五年春に結婚してからだ。

問題は、人生がそれだけでは終わらないことである。彼女が二人の子供を得て、もう一度、社会復帰をしようとしたとき、正社員として迎えようというところはなかった。彼女は証券会社の派遣社員から再出発して、嘱託、そしてようやく契約社員にたどりつく。そこで正社員の壁に突き当たる。

敏腕の過去があっても、女性の能力を見抜き、経験を買おうという企業はまだ少ないということだ。

「一度退職して間が空くと、正社員にすら簡単にはなれない」と彼女は言う。それが女性を取り巻く世界だった。それでも、「ピンチはチャンスだ」と思っていた。お先真っ暗に感じたときこそ頑張れるような気がした。
そのとき、声をかけてくれたのはかつて職場の上司だった永野やモトヤマの人たちだ。永野は電話魔で、暇さえあればかつての部下や上司たちに電話を入れている。数年前、連絡が途絶えた山一の同僚が自殺していたことがある。それを発見したのは、永野だった。なんて寂しい終幕だろう。もっと気を配っていればあんなことにはならなかったのに。そう思うと、お節介でも電話を入れる。

藤田はそのお節介電話がきっかけで、都内の銀行を紹介され、フィナンシャルコンサルタントの職に就いている。正社員で管理職にも就いた。新幹線利用の遠距離通勤だが、派遣時代にわずか一三〇万円だった年収が九倍に跳ね上がった。

「同志」の京岡たちはそんな現実をマーキュリーで見つめてきた。何があっても生きていかなければならないのだ。

会社破綻に直面したり、離婚で悩んだり、再就職の壁にぶつかったり。でもそんな不運もずっと続くとは限らない。落ち込むことがあっても、泣き続ける必要なんかないのだ。

少なくとも、モトヤマにはそんなときに立ち寄るプラットホームがある。

第一〇章　女の反骨

打たれても打たれても杭を伸ばすんだ

陳恵珍（債券トレーディング部部長→フランシス・インター経営）

男の誰一人として口にしなかった不穏な言葉を、山一で働いた何人もの女性から聞いた。

「わたしは、大蔵省の長野厖士《あつし》証券局長を殴りたかった」

というのである。別の女性は、

「官僚たちや大臣、総理は自分の責任をどう取ったのかって、いまでも聞きたいです」

と言って、それまでの笑顔を閉ざした。そんなことができないのは、彼女たちが一番よくわかっている。しかし、モトヤマの女性が何人も集まると、よくそんな話になる。

山一證券を破綻へと追い込んだのは二六〇〇億円の簿外債務である。不況下の経営危機というだけではなく、山一の首脳たちが債務隠しという犯罪行為を続けたことが、会社更生法による救済を不可能にし、最後の社長である野澤正平が長野証券局長から自主廃業を呑まされてしまった。

ところが、少なからぬ女性の怒りは社長たちよりも、犯罪を見逃した証券行政と廃業を迫ったその責任者に厳しく向かうのである。

「大蔵省はあの簿外債務に気付きながら黙認していた」

「結局、七五〇〇人の山一社員は金融危機のスケープゴートにされた」

　そう思っているのだ。


　山一で最初で最後の女性部長となった陳恵珍は、「殴りたい」などとは言わない。債券トレーディング部の部長として廃業の日を迎えた彼女はせいぜい、「あの人たちは良い死に方をしないよ」と嫌みを言うくらいだ。

「山一首脳が経営責任を取らされるのはしかたないよ。でもね、監督責任はだれも取ってないじゃないの。許せないのはそこなの。私は一人で何とか生きるよ。でも、借金を抱えて、おじいちゃん、おばあちゃんまで養う元社員たちはどう生きていると思うの」

　台北生まれで九人兄妹の三番目だ。台湾の大学を出て、実家の文房具屋を三年間手伝った後、一九七八年、兄妹が米国や中国で身を立てたように、わずかな荷物を手に来日した。親戚もいなければ仕送りもない。アルバイトと奨学金で学費や生活費を稼ぎながら、早稲田大学と大学院で学び、一九八五年に山一證券に入社した。三二歳だった。

　張り切って会社に行く。海外の駐在員から電話がかかってきた。彼女が出ると、電話口からうんざりした声が聞こえる。

「だれか男はいませんか」

「日本人はそこにいないのか」

という男もいた。悔しくてしかたない。いつか見返してやろう。それが続くうちに、陳は

こう考えるようになった。

「私は伸びるバネを男たちからもらっているんだ」

女性で、ノンジャパニーズ、そして遅い入社と、彼女の言う「三つのハンディ」はそのま

ま、管理職への踏み台になった。主任、課長代理、課長、次長、部長と一三年間に五回、昇進している。女性の力を信じることのなかった山一で、最も出世した女性の一人だ。一九九一年には日本国籍を取得している。

――出る杭はいつも打たれる。打たれたら、日本人はしょんぼりするけど、私は打たれても打たれても杭を伸ばすんだ。私の味方はお客さんだ。それは社内ではなくて外にいる。

そう思って一ヵ月の半分は海外に出張し、世界各地の中央銀行を回って国債を売り買いした。結婚も出産も考えず、役員の椅子を夢見ていた。

「ロンドンのホテルを拠点に、二週間で一〇ヵ国を回っていたの。『こんなスケジュールじゃ、いつか死ぬぞ』って本部長からは言われて、体調を崩したり、軽い脳梗塞になったりしたこともあった。でも、早く苦労することが将来、楽になるための投資だと信じていたよ」

日本語に英語、母国語の台湾語、北京語、中国語の方言である客家語《ハッカ》を巧みに操るが、感

情が高ぶると日本語に訛りが入る。あのときもそうだったのだろう。

最後の社長だった野澤がセンチュリー証券の社長に就いた二〇〇四年ごろのことだ。知人の会社に野澤が訪れると聞いて、わざわざ出かけて行った。

野澤は粘り強い営業マンだったが、社長としての評価は割れる。彼が自主廃業の記者会見で号泣して注目を集めた後、全国から求人が殺到した。それはあの涙が呼び寄せたのだ、と評価する者。その一方で、野澤は破綻の三ヵ月前に旧経営陣から不正の事実を知らされながら有効な手が打てなかった、となじる者。陳は後者の批判派に属する。

――どこかのテレビでは、野澤さんが社員のために泣いたと評価していたけど、五〇代の人たちの中には再就職さえ難しかった人がいる。老後のためにと買い増し続けた山一株がパーになって生活に困った人もいる。彼が泣いたって、それは自慢できることじゃない。

彼女が野澤と話すのは初めてだった。

「野澤さん、あなたたち取締役があのとき、思い切って総辞職すれば山一はつぶれなかったのに。（自主廃業の）ほかに方法があったでしょう」

話すうちに彼女は詰問調になった。一方の野澤はあまり話したがらない。

「私が社長になったころ、いろいろわからないところがあってね……。挨拶して回っているうちに、一〇〇日で会社がなくなった……。皆さんには本当に迷惑をかけたね」

話はかみ合わず、しまいに彼女はかつての社長を罵倒して別れた。

「あんた、無責任すぎるから、もう二度と会わないよ」

それから一〇年余が過ぎた。鉛筆とパソコンで一度に何千万、何億円という資金を動かしていた陳はいま、「ミスフランシス」のブランドを名乗り、キッチン、リビング製品を売って生計を立てている。主力商品は、六個で一〇八〇円のキッチンクリップ。NHKの「まちかど情報室」やリビング雑誌などで紹介され、なかなかの人気だ。彼女は社員ゼロの個人事業主になったのである。

東京・中野新橋の駅を降りて、低いビルが立ち並ぶ商店街を南へ少し歩くと、陳の自宅兼事務所兼作業場のマンションが現れる。彼女はここに1LDKの部屋を二つ持っている。といっても、部屋の広さは三三平方メートル。通路には、出荷前のクリップの段ボールが積み上げられている。狭いリビングでパンツ姿の陳が台湾から輸入したクリップを一つずつ手作業で包装していた。

地味なこの道を、彼女は失意の底で選び取っている。


山一破綻後、外資系証券会社三社から声が掛かった。その中から、彼女は五〇〇〇万円の年俸を提示したバークレイズ・キャピタル証券（現・バークレイズ証券）を選んだ。

このころ、彼女は山一の債務隠し事件を調査していた証券取引等監視委員会の事情聴取を受けている。債券の現先取引を利用して、山一の簿外債務を別の会社に飛ばす手伝いをしていたのだという。彼女には会社首脳のような債務隠しの意図はない。しかし、決算期になると、不良債権を別の会社に飛ばすことで犯罪の発覚を防いでいた山一の粉飾体質は、彼女のような剛腕のトレーダーを巻き込まずにはいなかった。その暗い記憶はいつまでも消えなかった。

実のところ、もう金融業界に留まりたくはなかったのだ。だが、彼女は埼玉にも一軒家を購入しており、その家とマンションのローンが六〇〇〇万円も残っていた。借金を返すため、会社には弁当を持参し、少々の穴が開いたストッキングでも縫って穿くようになった。

二年半勤めてローン返済に目途がついた後、知人がロンドンに設立したITベンチャー企業を手伝った。アジア担当を任されたが、ITバブルが崩壊し、会社が倒産した。友人たちは離れていき、陳を信用して三億円を出資してくれた知人まで失った。

——もう二度と証券界にも他人の会社にも勤めない、人の下では働かないぞ。

そう思っていたときに、台湾に住んでいた父親が亡くなった。気持ちはどこまでも沈んでいく。たまたま香典返し用に、台湾でウーロン茶を選んでいた。

そのとき、風味を逃がさないために袋の口を留めていたカラフルなクリップに目が行った。自社商品を最後までおいしく飲んでほしいと、老舗のウーロン茶メーカーが開発したものだった。片手でも楽に密封でき、熱湯にくぐらせても、冷凍庫でも使える。

——このクリップを商売にできないの？　丈夫なところが私みたいでいいじゃないの。

流通のノウハウも知らなかったが、二〇〇一年五月に会社を設立し、知り合いの会社に販促品として買ってもらうところから始めた。資金が不足すると、自分の生命保険を解約し、自転車操業の七年目にようやく黒字になった。年収は転職時の一〇分の一だ。朝、一人起きるとリビングでクリップの包装を始め、疲れると曇りガラスのパーテーションの奥のベッドにもたれ込む。それでも「いまが一番幸せだよ」と言う。

「中学校三年生のときに私の母が亡くなったけど、鍋を見るたびに母の姿を思い出すよ。モノには思いが詰まってるんだね。株や債券は何にも生産しないし、恨みだけ残るんだよ。昔のように、汗もかかずに五〇〇〇万円ももらったら罰が当たる。いまは儲けは少ないけど、これを買って喜んでくれる人がいることが幸せなのよ」

心の焔《ほむら》は治まったのだろうか。直径三センチのクリップを見つめながら、急にしみじみと言った。

人の役に立ちたい

樋口千晶（麴町支店長→就職支援アドバイザー）

樋口千晶は、前掲の陳恵珍と同じように仕事に生き、経営破綻の七年前、山一で女性初の支店長に就いている。働き始めたのは昭和の安定成長期で、バブル崩壊を見届け、高卒の女性としては最も出世した。

柔らかなまなざしに「立志伝」の文字は似合わないが、彼女は長崎県立長崎東高校を卒業し、もっと大きい世界を見てみたいという一心で上京している。五人きょうだいの長女である。先生や元教師の父に打ち明ければ、反対されるに決まっているので、体調を崩していた東京の伯母を看病する、と理由を付けて家を出た。

伯母の容体が一段落すると、山一に入社し、本店営業部の営業補助からスタートして、抜群の成績を上げた。やがて、デパートの中にあった小田急ハルク営業所で総合職に転じ、所長代理から、総勢八人の目黒営業所長に抜擢され、一九九〇年には二五人の麴町支店長に就任した。

その後を調べても、山一で支店長に就いた女性はわずか二人（他に営業所長が一人）しかいない。女性社員が四割近くを占めた山一で、この事実を挙げるだけでも、女性たちが道を拓くことの厳しさがご理解いただけるだろう。男女雇用機会均等法が一九八六年に施行された後も大きく変わりはしなかったのだ。

これは樋口の入社から一七年後にあったことだが、大卒の女性が山一の面接で忘れられない体験をしている。「これからどう勤めていきたいですか」と問われたときだった。

「定年まで働きたいです」

彼女がそう答えたら、ぷっと吹き出した面接官がいた。彼女の先輩が結婚して辞めると、上司は「君の結婚はいつになるんだ」といい、「(彼女の)あとに続けよ」と明るく声をかけてきたという。

陳と樋口はいずれも独身を貫いて働き続けている。もちろん彼女たちにも青春はあり、樋口は「プロポーズをされたのですが、仕事が楽しくて」と笑みを浮かべるのだ。だが、結婚よりも仕事を選択してのめり込まなければ、たぶんその評価も地位も得られなかったに違いない。

それだけで終われば、有能な女性管理職の一人として記憶されただけであろう。「控えめでリーダーシップを取ることができる女性支店長がいたね」と。

彼女の真価はむしろ、会社が崩壊したときに顕れた。

一九九七年一一月二二日午前五時過ぎ、樋口の自宅に役員から電話がかかってくる。彼女は全国のカウンターレディ(CL)を統括する店頭業務部次長に就いていた。うめくような声だった。

「樋口さん、ごめん。会社はダメだった。自主廃業になったから。今朝の日経新聞を見て」

慌てて新聞を取りに行き、「自主廃業へ」の大見出しに頭が真っ白になった。築き上げたものが壊れるのは何と早いのだろう。一部の幹部の手で老舗が崩壊するなんて。悔しさが心の底からこみあげてきた。しばらくして、ぺたりと座り込んでいる自分に気付いた。

——このままじゃいけない。支店が大変なことになる。

そう思い直して上司に電話し、すぐに出社して、「落ち着いて対応してね」と支店CLのチーフたちに電話をした。本社にはエリートはいても支店の実情や窓口の女性たちを知る者はほとんどいないのである。

連休が明けた二五日には全国の支店に顧客が殺到した。「株券を返せ」という男性、「購入した山一株が紙くずになった」と抗議する者、債務隠しに憤る古い顧客——支店前には怒声と困惑の声がうずまいていた。

彼女は次々に支店を駆け回り、CLたちを励まして混乱を食い止めた。それからひと月の半分は出張先のビジネスホテルで寝泊まりした。泣いている暇さえなかった。

全支店閉鎖の後、メリルリンチ日本証券に転職し、四年後に退職した。証券不況のなか、同社が大規模なリストラに踏み切ったのである。当時、彼女は人事部ジェネラリストとして、名古屋以東の支店支援を担当しており、そのリストラのさなかに、再び支店閉鎖の後始末に追われた。

山一が破綻したとき、崩れゆく会社に踏み留まって経営破綻の原因を追及し、清算業務に就いた一群の社員がいたことは既に述べた。

樋口はその集団の中にはいなかったが、支店という現場の清算を見届け、メリルリンチでも支店の終焉を看取っている。稀有で、苦い、二度の清算体験である。

これもまた、「しんがり」の一つの形なのだ。

彼女は人材コンサルタントを経て、いまも二つの仕事を続けている。そのひとつが就職支援アドバイザーだ。「人の役に立ちたい」と思いながら一人でここまで来て、両親の眠る郷里に帰ろうかどうか、迷っている。

甘えなかったぞ

石沢淑子（新潟支店総務課長→ガイドヘルパー）

新潟支店は総務課長の石沢淑子が女性たちを仕切っていた。戦中生まれで、支店長よりも年上の、当時五三歳である。地元採用で誰よりも地方人脈に明るく、独身の酒豪としても、また気配りの「女傑」としても有名な存在だった。

彼女は天引きで山一株だけをこつこつと買い増ししてきた。株価が高いころなら一億円に相当した老後の蓄えである。

「定年になったら退職金をもらって、株売って、熱海か伊東の温泉付きマンションに行くのよ」

そんな冗談は二度と口にすることができない。彼女も部下たちも、しかし、混乱の支店で恨み言は口にしなかった。顧客に叱られながら、黙々と自分のできることをこなし、支店長のすすめで翌年一月から病院の秘書室長に転じた。

「全財産を失ったけど恨みはしないです。恨みどころがないもの。自分が選んだ貯蓄方法だったから。支店の女性たちはみな立派だったですよ。会社の一番最後の日は虚しさよりも、やり遂げたという思いでいたんじゃないかな」

石沢は転職先の病院を二ヵ月で辞めている。自分にできる仕事は何もなかった。

「君は、よほど山一證券で甘やかされてきたね」

院長から告げられた言葉は心に突き刺さった。その通りだと思った。そこから資格講座を受け、ヘルパー二級の資格を取り、さらにガイドヘルパー（障害者移送介護従事者）になった。障害者の外出を介助し、自立と社会参加を促す仕事だ。それを一六年続けて、二〇一四年に七〇歳になったのを機に引退した。

「よく頑張ったな。甘えなかったぞ」と、自分をほめてあげたい気分だ。

新潟支店でその石沢と樋口千晶は一度だけ交錯した。樋口が支店を回っているときに出会ったのだ。樋口によると、支店に根付いた石沢は、包み込むような笑顔だったという。

第二章　人生を生き直す

正しくても、認められないときがある。けれども、実力がなかったらやっぱり問題外だ

高田佳子《たかたよしこ》（国際金融部→医師）

上司は善い人だったけれども、女性社員が給湯室やロッカーで悔し涙を流していることを知らない。彼女たちが男性社員から「うちの女の子」と、名前ですら呼ばれないことも気に留めていない。

山一證券が女のやる気を削ぐ職場であることなど考えたこともなかっただろう。そして、旧約聖書・伝道の書のこんな一節も、たぶん知らない。

〈夢多ければ、空なること多し〉

だから夏休みが明けて、高田佳子が辞表を提出したとき、上司は怪訝《けげん》そうに顔を上げた。

「君、辞めて何をするんだ」

「まだ、決めていません」

一九九一年九月末のことである。

二三歳だった。東京外国語大学を卒業して山一證券に入社し、まだ一年半しかたっていなかった。

もったいないことがあるものか、と彼女は思っている。繰り返される日常があった。

机の上にドンと書類が積まれ、「コピー、取っといて」と乱暴に声を掛けられる。

「こんなにたくさんやれません」

頬をふくらませると、生意気だと言われた。女性の先輩が会議で的を射た発言をすると、会議後、男性社員が舌打ちをした。

「あの娘《こ》も早く結婚すればいいんだ」

会議には何の関係もない陰口である。男女雇用機会均等法が施行されて五年もたっていたのに、それが巨大証券の現実だった。そんな虚しい仕事や人付き合いに疲れ、将来が見えなかった。

高田は流行の金融界やトレーダーという響きに惹かれ、責任ある仕事や地位に憧れて入社している。だが、一般職の彼女が国際金融部米州課でやっていることといえば、ワープロ打ちにビジネス文書の下書き、コピー取り、お茶出しにお使い、飲み会の案内作りも回ってきた。そのころ、山一本社は東京駅八重洲口の斜め前にあり、彼女は京橋の文具店「モリイチ」に制服でお使いに通っている。

部内の総合職の女性はみんな切れ者に見えた。中でも早稲田大学出身の先輩は美人のうえに努力家で、独学で英語やスペイン語を学び、会議でも堂々と発言していた。

到底追いつけないと思った。おまけに高田は職場でただ一人、二種外務員資格試験に落ちてしまっている。

――語学もだめだし、私より頭の良い人がいっぱいいる。このままやる気を失うと、無能なお局《つぼね》様になってしまう。

どこかの組織に帰属したいという気持ちもなかった。

山一に執着できなかった理由が他にもある。

こんな無駄遣いをする会社やバブル景気がいつまでも続くわけがない、と考えていたのだった。海外から上客を招くと、帝国ホテルでパーティーを開き、その夫人には豪華な花束とミキモトパールを贈っていた。

――なぜ、奥さんにまで宝飾品をあげなくちゃいけないんだ。こんなことをやっていたら、いつか何か起きるんじゃないの。

高田が山一に辞表を提出して求職活動を始めたころ、「この会社は沈んでいく」と考える同期の女性たちがいた。

ある噂がマーケットに流れていた。

「山一證券には二〇〇〇億の借金があるらしいよ」

噂はおそらく本当だ、と彼女たちは感じていた。当時の社長は債務隠しの張本人である行平次雄だったが、いつもひどく険しい顔つきをしていた。

債券部の女性社員のところには怪しげな伝票が回ってきていた。それは当日の取引が終了した後のことだった。課長が「これ、頼むよ」とさらりと伝票を出してくる。書き込まれた金額は五〇億円や一〇〇億円という単位で、とても説明がつかなかった。駆け出しだった社員は言われた通りにそれに判子を押して通していた。

「大丈夫かな」

そうつぶやくと、先輩の声が聞こえたという。

「うん、大丈夫かねえ」

——あれは不良債権を海外へ飛ばすカラクリの一端ではないか。

社員たちは疑っていた。すでにバブルははじけ、山一と証券界は不況の急坂を転がり落ちようとしている。


山一の内情は火の車だ。それでも社内の空気は停滞したままだった。組織は人の集まりであって、ぶら下がるものではない。給料は降ってくるものではなく、作り出すものだ——女性社員の中にそう考えている者がいた。だが、仕事をしない本社社員の多さは驚くばかりだった。

一日中、新聞を読んでいる部長がいた。そばを通りかかったときに、「もし会社が危なくなったら」という話を社員同士でしていた。部長の声が聞こえた。

「つぶれそうになっても、また日銀が助けてくれるよ」

実際に、山一は一九六五年にも傾き、日本銀行から特別融資を受けて息を吹き返したことがあった。グループ社員一万人、二四兆円もの預かり資産を抱える老舗証券がつぶれるわけがないと過信しているのだ。

会社は船のようなものだった。山一という巨大な船の中で、オールを懸命に漕いでいる社員は、一〇人に一人もいない。

――これではいくら上手く舵を切っても進むわけがない。沈む船に乗っていてもしょうがないな。

そう思って辞表を提出した女性たちもいた。しばらくして、高田は二人の同期社員と会った。いずれももう山一を退社していたが、そのうちの一人が言った。

「私も医学部を目指してるのよ」

三人で会ったのはその一回だけだったが、高田はその言葉を忘れなかった。同じ志の女性がいるということはそれだけで胸が騒ぐことだ。

高田はその直前に腎盂腎炎《じんうじんえん》で入院し、医者を職業対象として見た。人を再起させる仕事はひどく面白く思えた。何か国家資格を取らないといけないと思っていたときで、医師になれるなら会社を辞めてでも再び頑張る価値はある、と思えた。医学部にさえ何とか入ってしまえば、あとは真面目に勉強すれば医師になれる――。

一九九四年一月、高田は金沢の実家の母にいきなり電話を入れた。

「あした、引っ越しして帰るから」

「えっ！」。母は唖然としていた。

「私は医学部に行きます」

母は戻ってきた娘にはっきりと言った。

「あんたが医者なんかになってもちっともうれしくないわ。いい人と結婚してほしかったのに……」

高田はもともと東京生まれで一〇歳まで東京で育っている。父は武蔵野市吉祥寺で小さな会社を経営していたが、その会社が小学校四年生のときに倒産した。やがて両親は離婚し、母親は彼女と弟を連れて郷里に近い金沢に移る。そこで小さな美容室を開き、女手一つで子供を育ててきたのだった。

「女性も勉強しないといい人と結婚できない」というのが口癖である。いまではシングルマザーも大きな声を上げることができるが、昭和五〇年代の北陸は保守的だった。不安定な自営業でシングルマザーの母親は親戚や周囲の人々から見下されることが多かった。

母のささやかな夢は、娘が都会の大学を出て良い会社へ入り、エリートサラリーマンと結婚することだった。その娘婿が海外勤務になったら遊びに行く――そんな生活を思い描いている。ところが、その娘はせっかく入った大企業を辞め、さらに結婚適齢期になって、いきなり「医学部へ行く」と言い出した。それは母親にとって衝撃であった。

高田は山一で二つのことを学んでいる。

一つは、正しくても、実力があっても、認められないときがあるということ。

二つに、けれども、実力がなかったらやっぱり問題外だということ。不満を言っているだけでは思うところには上がれない。

彼女がいま、やるべきことは医学部に向けて全力で方針転換をすることだった。頑張ることだけが力になる。

予備校に行きたかったが、カネがなかった。だから、二六歳にして自宅浪人だ。参考書や教科書を買い、模擬試験を受ける。模試会場に行くバス代が惜しくて、自転車を漕いで行った。夏には、なけなしの退職金を割いて東京の予備校の夏期講習に通った。山一時代の同期社員の部屋に数週間、居候をした。

学士入学という手もあったが競争率が高いので、センター試験を受けて一般受験をすることにした。模試の受験料や予備校の講習代金、大学の学費など、いつもカネのことばかり考えていた。

つらかったのは、母がしょんぼりしていることだった。

「お母さん、今度は良い成績だったよ」

と模試の成績を報告しても、悲しそうな顔をしている。

「何もそんなに苦労して勉強しなくてもいいじゃないの。早く結婚すればいいのに」

事あるごとにそう言い、見合い写真も持ってきた。

高田自身に不安がなかったといえば嘘になる。だが不安になってもしかたないのだ。ここには理不尽なことは何もない、地道にやれば何とかなる、と自分に言い聞かせていた。

たとえば、航空会社の客室乗務員。努力すれば誰でもなれるというわけではない。実際に彼女は面接で落ちていたが、医学部なら点数を取れば何とかなる。受験勉強は昔やったんだもの。

——あれ、頭って高校時代より良くなっているんじゃないの。

文系だったから、高校時代には数学や化学はあまり勉強していなかったが、また始めてみると、そんな考えが浮かぶほど受験勉強は面白かった。

地元の国立金沢大学医学部に合格したのは翌一九九五年春のことである。母はうれしいような悲しいような複雑な顔をしていた。励ましてくれた山一の同期の友人たちに電話し、一人で喜んだ。

金沢大学医学部に進んでも、高田は相変わらず涙を流した。実験をしていて失敗し、指導教官にバカ扱いされる。

「お前は本当に頭が悪いな」

「バカヤロー」とつぶやきながら陰で泣いた。それでも大学四年生のころに同級生と結婚し、卒業二ヵ月前に女の子を産んだ。三三歳になっていた。

だが、結婚や出産は、高田にとっても人生の通過点に過ぎない。卒業後、医局から関連病院などに派遣され、忙しく働いているときに、夫とぶつかっていく。価値観が違うことに気付いていった。そして、出産の翌年に離婚し、子供を引き取った。

その子供を抱え、金沢に住居を構えて彼女は内科医として働くようになる。娘の存在こそが心の支えだ。

高田は山一同窓会があると聞けば、日帰りでも飛行機で駆けつける。三〇〇キロ近く離れた東京と山一は、初めての人生の寄港地だったから。

博士号を取得して、彼女は市立砺波《となみ》総合病院消化器内科の医長を務めている。四九歳になっても日直、宿直があり、入院患者を抱えているから、まともに休める日は週に一日程度だ。

――こんなところ、いつかやめてやる！

アリのように働く毎日だから、忙しくて一睡もできない夜には、心にそう叫ぶこともあるけれど、生まれ変わってもまた、地味な内科医になっているような気がする。

高校生になった娘にはこんな道は歩ませたくないものだ、と彼女は思う。大学を出て華やかな仕事に就き――たとえば客室乗務員のような――華やかに結婚をし、夫の海外駐在に付いて行って華やかに生きてほしい。それはかつて、高田の母が見た夢だ。

リベンジのチャンスだ

谷本有香（営業企画部→キャスター）

「こんばんは」と舞台挨拶を始めた途端に、萩原聖人《まさと》はとちってしまった。自分の役名を間違えたのだ。名うての俳優たちが舞台中央で少し緊張している。

「えっと、かっこいいこと言おうと思ってたんですけど」

はにかんだ萩原の笑顔で二五四人の会場が沸き、江口洋介や勝村政信も相好を崩した。

「役者さんもあがるんだね」

小さな声が漏れ、舞台を包む空気が一気に温かくなった。二〇一五年九月一四日、東京・銀座の時事通信ホールに、江口、萩原、勝村、佐藤B作、矢島健一、林遣都《けんと》の俳優陣が立っていた。WOWOWのドラマ「しんがり　山一證券　最後の聖戦」の完成披露試写会が開かれている。

会場には一般招待客に加え、山一の元社員たちが詰めかけていた。その中に、ほぼ無給で社内調査委員会に加わった元役員や、清算業務に携わった人々も交じっている。あのころの驚きや怒り、苦闘がどう描かれるのか、という思いを彼らは一様に抱いている。

長澤正夫のように妻を失ったばかりの「しんがり」メンバーもいた。前述のように彼は四十九日法要が過ぎ、忌明けを迎えるまで妻の死を仲間にも知らせなかった。会場はそんな彼らの秘めた心の熱や期待を帯びていた。山一の実話を再現した俳優たちも、いつもとは違う緊張を覚えていたのだろう。

谷本有香は舞台左端でその司会をよどみなく務めた。身長一五三センチ。主役の江口と比べると三二センチも低く、人形のようだ。

「私も社員の一人でした。山一にはサテライトスタジオがあり、私はあのころ、毎朝そこからニュースを流しておりました」

よく通る声で彼女が自己紹介をすると、会場から「ああ」という声が漏れた。そういえば、社員たちの耳になじんだ声だった。谷本は山一最後のキャスターだったのである。

山一では本社地下一階の自前のスタジオから全店のテレビに向け、毎朝二〇分間、自前の山一證券ニュースや海外市況速報、マーケット情報を流していた。自主廃業発覚の前日まで、彼女たちの声が「社内報」の役割を果たし、同時に社員を仕事に駆り立てる合図だったのである。

華やかで楽しそうね、とうらやましがる同僚たちは、舞台裏を知らなかった。キャスターは二人の女性が交互にやっていたが、谷本は放送が終われば営業企画部に戻って事務をしたのだ。

彼女は東京の大妻女子大学文学部を九五年に卒業している。入社三年目で、職場の下っ端だった。お茶を出し、コピーを取って、言われたデータをただ打ち込み、資料を発送する。証券会社が何をしているかも実際にはわからなかった。

「ニュース原稿を私も書いてみたいのですが」と申し出ると、「大変だからやらなくていいよ」と上司に優しく言われる。用意された原稿をきちんと読む「女の子」を求められ、それを笑顔で演じていたのだった。

彼女はよく黒いタイツを穿いていた。ストレスでじんましんが全身に出て、足のブツブツを隠そうとしていた。便秘にも悩まされる。医者からは心身症と診断された。

そんなときに会社が突然、自主廃業に追い込まれた。

「われわれは大丈夫ですよ」

前日の朝、スタジオで顔を合わせた役員は確かにそう言ったのだ。山一の株価が急落し、格付けも下がって、資金がショートするのではないか。そんな不安を役員はサテライト放送で打ち消した。放送が終わると、彼女は役員に向き直った。

「北海道拓殖銀行が破綻したばかりですが、うちは本当に大丈夫なんですか？」

「山一は一万人のグループ社員がいて、販売網もある。つぶれるわけはないし、たとえ何かがあったとしてもどこかが買うだろう、助けてくれるよ」

「でも」と彼女は食い下がる。

「拓銀の人たちも当日まで知らなかったそうですよ」

「拓銀とうちのレベルを一緒にしちゃいけない」

あの役員は本当に何も知らなかったのだろうか。


会社の終わりを悟ったのは、営業企画部に一人で残っていたときだ。経営破綻で大混乱に陥った各支店から次々と悲鳴のような電話がかかってきていた。そこへ社長だった野澤正平が現れ、席にいた谷本に向かって頭を深々と下げた。

「ご迷惑をかけて申し訳ありません」

野澤は社内をお詫び行脚していたのだ。営業企画部で社長が頭を下げた先には、たった一人の、それも二五歳の彼女しかいなかった。あわてて立ち上がった彼女の目に涙が溢れた。

だが、グループ全体で三万人に上る山一家族の人生と未来、そして日本経済を揺るがす不正を引き起こした旧経営陣の姿はどこにもなかった。

山一證券の営業店前には〝ハゲタカ〟が舞っていた。取引の解約に来た顧客の列にライバル証券の社員たちが取りついていたのだ。「うちならお取引も大丈夫ですよ」。解約したばかりの顧客をそのまま自分の支店に連れて行っているというのだ。あちこちの支店から怒りと悲嘆の声が上がっていた。

あんな卑怯な方法でなくても、私なら証券会社の営業を立派にやってみせる。

――よし、破綻を機に別の証券会社へ再就職して、かつての夢をかなえよう。

学生時代は夢の多い同級生に囲まれていた。いい会社に入ってお嫁さん候補になって、素敵なエリートと結婚する、と。

「自分もそうなるんだろうな」と漠然と考えていたが、大学生のころ、アルバイト先で自分の可能性に気付いた。全国チェーンの中華料理店が社内サービスコンテストを開いたのだが、社員たちを抑えて学生バイトの彼女が優勝してしまったのだ。

「君、できるねぇ」と褒められ、「あれ？　私、仕事ができる人間かもしれない」と思うようになっていた。

ところが、経営破綻後、山一社員が一斉に転職先探しを始めると、営業の経験がない彼女は取り残される。「即戦力にはならない」と判断されたのだ。

自主廃業の発表から約一ヵ月が過ぎ、途方に暮れているところに、松下電器産業（現・パナソニック）グループから連絡があった。「ニュースを読んでいた女性をキャスターとして雇いたい」というのだった。山一は松下の幹事証券である。松下はこの機に山一社員を少しでも雇って恩返ししたいと説明した。

勤務地は松下の本拠地である大阪。しかも、業務委託契約で正社員ではない。だが、谷本はそれを転身の機会ととらえた。

彼女はずっと、「どうして山一だけが廃業しなければならなかったのか」とも思っている。不良債権の飛ばしをしている企業はいくらでもあった。それなのになぜ山一だけが破綻へと追い込まれたのか。そしてなぜ、大蔵省は救おうとしなかったのか——。怒りを通り越して、不思議だった。

その数年前までバブルに浮かれていた日本の景気が一気に落ち込み、人々の生活や人生を変えていく。その非情な経済の、たとえ正体とまではいかなくても、尻尾のようなものをつかむまでは、山一破綻を悲しむことも憤ることも本当はできないのだ、と彼女は思っていた。フリーランスの経済キャスターは不安定な職業だが、「リベンジのチャンスだ」と彼女は考えた。彼女の中にあった生き抜くスイッチがそのときに入った。

松下グループで指導を受け、インタビューから原稿書きまでこなした。年収は山一時代の三倍の七八〇万円になった。一九九九年からは外資系経済専門チャンネル「ブルームバーグTV」に勤め、三年たって三〇歳になったとき、節約を続けた彼女の手元には一五〇〇万円が貯まっていた。

それをはたいて予備校に通い、アメリカの経営大学院へ留学する。ＭＢＡ（経営学修士）を取得し、二〇〇五年に帰国すると、別の経済専門チャンネルでキャスターを務めた。

「あの子は経済のことが何もわかってない」と陰口を叩かれたり、パネルディスカッションへの出演を妨害されたりして、職場でいじめを受けたこともある。

キャスター業は結婚したり、子供を産んだりすると、不利な立場に置かれた。「女ではなくなる」とか「価値が下がった」と言われたりもした。「若くてキレイ」が第一条件で、「経済なんて別にわかっていなくていい」と言う男性がいて、子供を産んだらクビという雰囲気もあった。だが、彼女は三五歳で元山一の社員と結婚し、三九歳で女の子を産む。出産前に、

「これからは女性が結婚したり、妊娠したりしても続けられる制度を作ってほしいです」

と職場の幹部に言った。するとこんな言葉が返ってきた。

「妊婦が働くなんてとんでもないよ。女性はリスクを抱えているからダメなんだ」

そしてクビを宣告された。

――理不尽じゃないか。もっと貢献できるのに。

悔しくて涙が止まらなかった。子供を産んで新たな現場に復帰すると、仕事は激減していた。そこから再び始められたのは、会社から独り立ちして自分を鍛えていたからだ。

いまは、コメンテーターとしてテレビ出演したり、経営者や政治家のインタビュー番組に登場したり、本を書いたり、シンポジウムの司会をしたりして忙しく活動している。経済誌「Forbes JAPAN」の副編集長兼ＷＥＢ編集長に就き、跡見学園女子大学で兼務講師として金

融・経済のゼミも持つようになった。
それでも自分の中のリベンジはまだ終わらない。

自分は運のいい人間だと言い聞かせてきた

三浦真由美（国際企画部→コンサルティング会社）

三浦真由美は、谷本有香の五年先輩の一九九〇年入社組である。海外業務部や国際企画部で働いていた。この章で紹介した医師の高田佳子の同期である。

三浦、谷本、高田――彼女たちには共通点があった。会社や自分の仕事に満足できず、力を振り絞って会社の垣根を越えていったことだ。自分の運を信じているところがある。それでいて、かつての職場の時代を忘れることができない。

三浦は時々、山一の人たちと再び一緒に働いている夢を見ることがある。

「あの人たちとまた一緒に働きたいなあと思うときがあるんです。やっぱり人生の一部というんですかね、素の自分になるというか。会社が潰れるというショックをみんなで味わっているからでしょうか」

三浦は山一で重要な仕事が男性に任されることに不満を抱いていた。将来の展望が開けなかったのである。結婚を求められ、自分もそうしたいと思うこともあったが、他人に身を委ねることもできずにいる。

二人姉妹の長女で、父親はノンキャリアの外交官だった。海外生活が長かったため、英語は得意だった。外資系企業に履歴書を送ったりしていたときに山一は破綻した。二九歳だった。

その日、山一の後輩と新宿で会って、「こんなことになっちゃうとは思わなかったね」と声を絞り出したら、後輩は情けない顔で漏らした。

「うちの会社、へぼーい。うちの会社、へぼーい」

壊れたレコードの歌のように「へぼーい」を繰り返した。精いっぱいの会社批判だったのだろう。

三浦は悲観はしていなかった。

父の赴任で、ブラジルに二度、米国ヒューストンに一度、暮らしている。自分の意思とは関わりなく、外務省と父の都合で人生が変わった。友達も勉強も行った先で何とかしなければならない。着いたところで環境に合わせて生きる——そんな暮らし方が自然と身についていた。

きっと何とかなるのだ。父だって大腸がんになって大手術をしたが、ずっと生き抜いているではないか。

三浦は一九九八年二月末に山一を去り、その年の五月から外資系企業で駐在員たちの世話をする仕事に就いた。そこで二ヵ月働き、「自分には合わない」と見切りをつけて、今度は外資系投信会社のアルバイトに転じた。

現在の大手経営コンサルティング会社に入ったのは同じ年の九月だ。「自分は運のいい人間だから」と言い聞かせてきたから、会社を転々としても気にならなかった。そこで秘書を経て、総務部オフィスサービスチームのリーダーとして働いている。

人間はその場に合わせて咲く能力がある

藤沢陽子（吉祥寺支店カウンターレディ→出版社編集者）

いや応もなく転機を迫られると、人間はたいていのことができることをモトヤマの人々は証明している。調べてみると、男性の多くが金融関係に転じているのに対し、女性はありとあらゆる職業に散って生き抜いていた。

山一勤続一二年だった浦部智壽子は警視庁の財務捜査官となった。経営者はもちろん、弁護士、女優、脚本家、医師。吉祥寺支店では、三人が航空会社の面接を受け、全員が憧れの客室乗務員になった。地上勤務のグランドホステスになった者もいる。ラジオ局に勤務した者、ＩＴ企業の社長秘書、美容系の事務所、不動産業や公益法人に転職した人。留学した元社員もいる。

「もしも、自分に別の人生があったら……」。会社員がほおづえをついて見るような夢を、山一破綻後に叶えた女性もいる。入社一年目だった藤沢陽子は、念願だった出版社の編集者に転職した。

彼女は山一證券吉祥寺支店のカウンターレディとして店頭販売をしていたが、「こんな仕事をしたかったんじゃないんだ」と思い続けていた。いまは二つ目の出版社に転じ、約一二〇冊もの出版を手がけた。スポーツ新聞の記者と結婚して二人の子供も産んだ。

「ほとんどのことは何とかなる」。彼女が廃業を通じて、つかんだものは単純な事実だ。「人間はその場に合わせて咲く能力がある。突然の失職もたいしたことはなかった。人生は何とかなる」。それが藤沢の人生訓となった。

近況を聞こうと会ってみると、私の取材もそこそこに、

「うちで本を書きませんか？」

輝く編集者の顔があった。

母と暖簾を支えたい

上田美幸（投資信託部→日本料理屋役員）

上田秀穂《ひでほ》は、千葉県市川市では名の通った料理人で、経営にも長《た》けていた。ＪＲ本八幡駅近くに、美味いトンカツとカレーを出す食堂から始め、夫婦で市川周辺に日本料理屋など七つの店を繁盛させている。長女の美幸が一九八八年に山一に入社できたのも、彼が地元の支店長に頼んだことがきっかけである。

秀穂が亡くなったのは、山一破綻から六年目のことだ。バブル崩壊を境に、店の経営は徐々に苦しくなっており、妻の照美がそこを引き継いだ。実務は長男夫婦が引き受けたが、とても手が足りない。秀穂の存在が実に大きなものであったことに家族は気付き始める。「うえだ」の暖簾をみんなで支えなければならなかった。

そのとき、美幸はメリルリンチ日本証券に転職している。ちょうどメリルは事業を縮小しようとしており、美幸は早期退職に手を挙げ、家業を手伝おうと決意した。

「いままでのような給料は出せませんよ。身の丈に合う暮らしができるのであれば、一緒に働きましょう」

と、経理の顧問税理士は言った。もう自由な時間やカネは持てない。独り身を楽しんではいられないのだ。それでも母の細腕を支えたいという一心で、その年の冬から割烹着を着た。事務所を手伝った後、市川インター近くの支店に走り、夜は料理屋で働く。目が回るほど忙しいときと、暇な時間が交互にやってくる。自分は接客業に向いていないのではないか、と思うときもあるが、生き直しのいまは目前のことを一生懸命にやるしかない。

〈いま　ここ　じぶん　その合計が　じぶんの一生〉

手帳には、相田みつをの言葉を書き留めている。

「電力マンは嵐の中でも、電線が切れたら命をかけて直しに行く」

梶原洋海《ひろみ》（経理部部長→タカラベルモント顧問）

自主廃業後、梶原洋海は三人に支えられた。

一人は日本原子力発電社長だった阿比留《あびる》雄《たけし》で、山一破綻の後、「山一のベテランには優秀な人が多いから、積極的に採用しなさい」という指示を出している。再就職活動をしなかった四七歳の梶原が同社に入社できたのは、その一言が大きかった。

阿比留は言葉を持つ経営者だった。

「電力マンは嵐の中でも、電線が切れたら命をかけて直しに行く」

「いやな人ともうまく仕事をしろ。どこへ行っても不思議とそういう人と一緒になる」

彼の下で、日本のエネルギー安全保障のため、懸命に働いたという自負がある。一〇年の区切りを迎えたあと、理美容機器業界のトップ企業であるタカラベルモントに転じた。同社の首脳二人に誘われ、認められて入社している。執行役員監査室長の職務にも就いた。そこで地道に自分の役割を果たせばだれかが見ていてくれる、ということを改めて知った。

山一時代は、苦しいことが多かった。その後の人生に苦労を感じないのは破綻後、三人に出会ったからで、それがなければ別の人生になっていたかもしれない。

死にものぐるいで会社を救おうとした社員もいた

梶原浩身（証券管理部代理事務課）

これは、アメリカ同時多発テロ事件よりも八年前に、ニューヨークのワールドトレードセンター（ＷＴＣ）で起きた、もう一つの決死の物語である。

一九九三年二月二六日正午過ぎ、二人の男が黄色いバンで、マンハッタンにあるＷＴＣに入った。爆発物を多数積み込んでいた。ＷＴＣの九五、九六、九八階には、山一證券の米子会社である「山一インターナショナル（アメリカ）」があった。梶原洋海はそのとき四一歳で、上級副社長兼最高財務責任者として働いていた。

突如、雷のような音が鳴った。妻浩身が作った弁当を食べているときだった。爆薬を積んだバンは地下二階駐車場で爆発し、三〇メートルもの大穴を開けた。ビルを燃やし、電気系統を断ち切ると同時に、最上階にまで一気に煙を巻き上げた。

梶原はガラス越しに真っ暗な廊下を見た。白煙が充満している。大部屋に一〇〇人の部下たちを集めた。パニックに陥るのは避けなければならない。必死で声をかけた。

「I have a responsibility for saving lives of all of you（私には、君たち全員の命を守る責任がある）」。だから、いまは動かないでくれ、と繰り返した。

非常階段も電灯が消え、煙が充満して脱出不能だった。籠城しかない。煙が入ってこないよう、オフィスの玄関ドアにガムテープで目貼りをした。それでも天井から煙が侵入してくる。一人が泣き出し、それに呼応するように他の女性社員も泣き叫び、室内は騒然となった。

現場にいる多くが、『タワーリング・インフェルノ』を思い浮かべた。超高層ビルで火災が起きるパニック映画である。

――このまま煙と火に巻かれ、黒焦《こ》げになるのか。

諦めに近い気持ちを抱いたときに思い出した。社内にはエマージェンシー（緊急）ラインがある。そのたった一本の回線を使って情報を集め、梶原は社員の一人ひとりに電話をかけるように勧めた。あるいは、最後になるかもしれないのだ。一本の回線で全員が家族と言葉を交わすのに二時間かかった。煙が濃くなり、息苦しさが募ってくると、幹部を集めた。

「窓を割ってはどうだろうか」

超高層ビルに開閉式の窓はない。スタッフの一人が椅子を振り上げた。その瞬間、向かいのツインタワービルから大量の紙片が舞い上がるのが見えた。窓ガラスを割った結果、内部の空気が一気に放出されたのだ。人間までが飛ばされそうな勢いに見えた。

「Wait!」。全員が叫んだ。

爆発から約四時間後、屋上からレスキュー隊が九八階に突入してきた。歓声が上がり、誰もが隣の社員と抱き合った。非常階段のドアを破りつつ二時間かけて地上にたどり着いた。

「死ぬかと思ったよ」

そう言って彼が自宅に戻ったのは午後八時だ。顔は煤《すす》だらけで、手も爪も、鼻の中まで真っ黒になっていた。長い一日の終わりだった。浩身の眼から涙があふれた。夫は命を懸けて社員たちをテロ攻撃から守り、無事に帰ってきた。テロは六人の死者と千人以上の負傷者を出し、犯人たち四人が実刑判決を受けた。夫はその後も激務が続いた。未明に心臓が一時停止し、救急搬送されたこともある。「lucky man」とアメリカ人看護師に言われた。

死にものぐるいで働き、会社を救おうとした社員もいたのである。だから彼女は、会社を守れなかった経営者に、言葉にならない虚しさと怒りを感じている。

第一二章　他人と違う喜び

〽闘う君の歌を、闘わないやつらが笑うだろう

糟谷真理子（営業企画部営業企画課主任→アイ・パートナーズフィナンシャル取締役）

糟谷真理子は役員室で正座をしていた。破綻から一週間後のことである。

山一の経理部課長だった北口勝雅が過労で急死し、その弔辞を毛筆で書いてほしい、と同僚に頼まれていた。会社の書道部に所属していたからだろう。

会社が崩壊し、役員室はもぬけの殻になっている。主のいなくなったその一角で、彼女は巻紙を低いテーブルに敷いた。残務処理のさなかに亡くなった北口はまだ三八歳だ。彼とは面識もなかったが、まだ小さい子供がいると、糟谷は聞いていた。

どんなに心残りだったことだろう。実直な彼の人生を思い、自分がここで頑張ることで弔意と祈りを形にしたいと思った。巻紙には書いたことがない。うまく書けず、何度も書き直した。書き直すほどに悲しみが心に沁みてくる。

北口は、山一海外店の資金繰りや撤収問題を担当していた。自主廃業に追い込まれる前から各地の資金繰りを上層部や日銀に報告していたが、海外とは時差があるため普段から勤務は不規則だった。二週間も帰宅できない日々が続いていた。北口はその日も深夜にやっと帰

宅し、翌朝、意識不明のところを妻に発見されている。

なぜ、真面目に働く社員が、こんな形で会社の犠牲にならなければならないのか。役員室の床の絨毯《じゅうたん》は厚く、正座をしても膝が痛くならない。ふかふかの床の感触にこの部屋の住人たちを思い出し、怒りのような感情が芽生えた。

会社破綻は、四大証券の一角に安住してきた結果だ。破綻のニュースにも「ああ、やはり」としか思えなかった。経営陣の顔ぶれにはまったく迫力が感じられなかった。

ただ一人、副社長であった青柳與曾基《よそき》に期待を寄せていたが、その彼も関連会社に追いやられてしまった。がっかりした。山一は自重に耐えられず、いつかは倒れる運命の会社だったと思う。

彼女は三〇代半ばだった。再就職に楽観できない年齢ではあったのに、会社が無くなると実感したとき、妙な解放感があった。彼女は社内ヒエラルキーでいえば、最下層の、一般職かつ事務職（一般職の店頭営業がその上という認識）である。一般職としては有能と彼女は自負していたが、上にはベテラン一般職がずらりと並び、といって、エリートの総合職にチャレンジするほどのガッツもない――そんな中途半端な立ち位置がリセットされることに、どこか希望を持った。

パソコンのスキルを買われ、社内調査委員会の手伝いを、翌年一九九八年一月まで続けている。計算ソフトで、「飛ばし」に関わる調査データを処理したり、資料収集の補助をしたりした。簿外債務をめぐって、経営幹部がホテルで秘密会合を開いたときの領収書を、大量の綴りの中から探したこともある。

その後、糟谷はメリルリンチ日本証券で三年働き、金融業界を転々とした。年収が一〇〇〇万円を超えたこともある。一般職であった山一時代の倍だ。経験を重ね、キャリアと年収が上がっていた。

山一で働いていたころは、組織が大きすぎて、一般職である自分の言葉が影響力を持つことはないとあきらめていた。だが、破綻後、どういう風に身を立てればよいのかを真剣に考えるようになる。自分の中の信念を意識しながら、プライドを一度忘れ、目の前のことに真摯に取り組んだ。

そのうちに道が開ける。きっと、苦しい最中に見えるものは、本当の風景ではないのだろう。坂をのぼりきった場所から見える景色をイメージすることを大切にしていた。

職場を転々とするのは楽ではない。介護のために三年間、会社を離れた時期もある。それでも、生きている以上、自分が何かの役に立ちたいと、糟谷は思う。それを試す場所が企業なのではないだろうか。迷うときには、自分にこう言い聞かせる。

「人と同じを疑え。同じでないことを不安に思うな」

現在の職場は山一を含めて六つ目。同僚には野村、大和、日興というかつての証券会社のライバルに加え、山一出身の投資アドバイザーもいる。彼らも破綻やリーマンショックを乗り越え、複雑な思いを飲み込んできた仲間だ。少なくとも現時点では、抗することもできなかった会社破綻にリベンジできている、と思う。社内の飲み会で、明るい気持ちで昔話をするときに、そう感じる。

時々、山一の本社ビルで、中島みゆきの『時代』を歌ったことを思い出す。上階に懇親会ができる部屋があり、カラオケで歌ったら大受けだった。メリルリンチに移ってからは、中島みゆきの『ファイト！』を歌いながら、自身の姿を重ねた。

〽闘う君の歌を、闘わないやつらが笑うだろう
ファイト！

冷たい水の中を震えながらのぼっていけなかなか、安住の地にたどりつけなかった。
そんな自分たちへの応援歌のようではないか。

会社のために生きてはいけない

荻野憲一（仙台支店主任→アイ・パートナーズフィナンシャル）

「山一の破綻は僕の人生にとっては良かったと思っています」

荻野憲一は笑顔で言った。八年間、山一に在籍したが、理不尽なことが多かった。

本社で年間の業績予想をつくる。それが全国一三〇の支店のノルマになり、営業マン一人ひとりのノルマになる。営業マンは毎月、毎日、毎時間ごとにノルマに追われていく。会社、株主、顧客のうち、圧倒的に会社を優先させていた。

荻野自身はそれほど出世しなくても楽しくやっていければいいなと思っていたが、会社員として出世の夢を抱いていればやはり、道理外れのこともしなければならなかった。犠牲者も出た。

三二歳のとき、仙台支店で破綻を迎える。廃業宣言の翌日、何十人もの顧客に電話を入れた。受話器を下ろし、一息ついて横を見ると、「電話をしてください」というメモが三〇枚前後も積まれている。何も食べずに午後七時過ぎまで作業を続けた。顧客を底知れぬ不安に陥れたという思いと、簿外債務のために自分たちは働いていたのか、という悔しさが胸を浸した。

支店の清算業務の後、メリルリンチ日本証券に転職し、外資の世界を見た。転勤はなく、会社の都合で働くこともない。自己責任だ。これが本来の姿かなと思った。ここで一番大事なのは株主だった。

二〇一三年にいまの会社に転職する。顧客と証券会社をつなぐ金融商品仲介業を始めた。ノルマも転勤もなく、いかに顧客との信頼関係を築くかで、自分の報酬が決まる。ようやく顧客本位で仕事をすることができる、と感じた。

会社のために生きてはいけない、という思いが破綻後に芽生え、確信となっている。自分を守り、幸せになるためにも、会社を頼ってはいけない。

山一では四〇、五〇代まで稼ぎまくって、その後、窓際で新聞を読んでいた人をたくさん見た。彼らや会社の肩書だけで生きていた人は、会社が破綻してみると、大変な目にあっている。

自分も破綻がなければ「会社が一番」という気持ちでやっていたのではないか。その間違いに早く気付くことができて良かったのかな、と思っている。

何もしないのもリスクではないか

小林智《さとし》（渋谷支店主任→プライベートバンカー）

酒場で飲み明かし、朝帰りのタクシーに乗車した瞬間、ラジオニュースが耳に入った。

「山一證券」、そして「戦後最大の」と聞こえた。ぎょっとして運転手に聞いた。

「山一證券、潰れましたか？」

「潰れましたねぇ」

運転手はハンドルを切りながら言った。小林智はさっきまで、その会社の危機について話をしていたのだった。

課長は山一本社に情報源があり、「どうもうちは危ないぞ」と言っていた。それでも、破綻に至るまでにはもう少し時間があるのではないか、という楽観論に流れ、金曜日の夜の憂さ晴らしは、始発電車が走り出す翌朝まで続いた。そして、「じゃあ、また来週、頑張ろう」と別れたばかりだったのである。

小林はニュースを聞きながらも、この破綻劇の渦中に自分がいるとは信じられなかった。心の奥底から湧いてくるのは、安堵感に似た不思議な感覚だった。

――これで来月のノルマから解放される……。

入社八年目。姫路支店から渋谷支店に移り、毎日、過酷なノルマに追われていた。破綻前夜も一一月のノルマを達成したばかりで、ほっとしていたのだ。

知人のいた野村證券では、株や投資信託販売のノルマに耐えかねて、空《カラ》を切ったり、ダマ転を繰り返したりする営業マンは珍しくなかった。空を切るとは、空手形のことで、支店の黒板にノルマをこなしたことを示す注文高を書き込んで、後でつじつまを合わせる隠語である。「ダマ転」は黙って顧客の株を勝手に売ったり買ったりする不正行為だ。

小林は不正には手を染めない代わりにノルマに追い立てられ、先が見えずにいた。それがいきなり海の中に投げ出された。

——どこかに泳いでいかなければならないな。

山一が崩壊したという実感は、転職の面接が終わって帰ろうとするときにようやく湧いて来た。再就職先は見つかるだろうか、と空を仰いだ。

しかし、実際に踏み出してみると、転職先には困らなかった。山一の顧客が心配してくれていたし、転職先で壁に突き当たると、銀行や外資系企業に再就職しているモトヤマが声をかけてくれた。ノルマ営業に戻りたくないという気持ちも、新しい仕事に向かわせる力になった。

アリコジャパン（現・メットライフ生命保険）で一年三ヵ月間、生命保険を販売した後、モトヤマのいた勧角証券（現・みずほ証券）に八年勤め、フランス資本のソシエテジェネラル信託銀行（現・ＳＭＢＣ信託銀行）にヘッドハントされた。勧角証券でプライベートバンキング部門を仲間と作り上げたことがきっかけで、ソシエテにいたモトヤマの上司から「うちでやってみないか」と誘われたのだった。そこから日本ではなじみのなかったプライベートバンカーの道へと、小林は歩んでいく。

プライベートバンキングは、富裕層の資産管理から運用、相続、事業継承に至るまで、資産家のために働いて信託報酬を受け取る仕事である。山一でノルマに追われているころには思いもよらなかったニュービジネスだ。勧角証券を含めて四社を転職しているうちにノウハウを手に入れた。そして、二〇一四年七月、都内で「コンサルティングネットワーク」を興した。たった一人の会社だが、事業継承コンサルタントとして奔走している。

苦しいときは、米沢藩第九代藩主・上杉鷹山《ようざん》の言葉を唱える。

〈為せば成る　為さねば成らぬ　何事も　成らぬは人の為さぬなりけり〉

収入はまだ不安定だ。だが間違いなく需要があり、顧客に喜んでもらっているという実感がある。それに、独立したという誇りと自由がある。起業はリスクと隣り合わせだ、という人もいるが、そうは思わない。何もしないのもリスクではないか。

会社を存続させる

新納健正《にいのたけまさ》（甲府支店営業課→会社経営）

〽われら行く　高く　正しく　たくましく
山一　山一　山一證券の　若人われら

西條八十作詞、古関裕而作曲の社歌を、新納健正は声を張り上げて歌った。

一九九七年四月一日、東京都江東区の塩浜ビルで開かれた入社式は、創業一〇〇年の華やかな色合いを帯びていた。二週間後には、明治三〇年に前身の個人株式仲買店「小池国三商店」が開店してから一〇〇周年の記念式典が開催されることになっていた。これが最後の入社式になることを、その場にいた誰一人として知らなかった。

社長の三木は年頭にあたって、「前年から始まった『日本版ビッグバン（金融制度改革）』を飛躍のチャンスと捉える」という所感を発表しており、この日の入社式でもそれに触れたはずだが、新納をはじめ、誰に聞いても社長挨拶の内容を覚えていない。

三木は「お公家様」と綽名《あだな》され、口数の少ないエリートであった。新人懇親会が研修所で開催されたときも、他の役員と違って三木はほとんど口を開かず、物静かなトップという印象だけを残している。三木は大きな秘事を抱え、新聞にも虚偽の事実を語っていた。

たとえば、入社式から一〇日後、日経金融新聞から受けたインタビューである。その中で彼は、「四〇〇〇億円の飛ばし」の噂について、「売り方が意識的に流している」と強く反論した。

「飛ばしについてもまったくあり得ない話だ。四〇〇〇億円にしても何を根拠に言っている数字なのか理解に苦しむ。九一年の証券不祥事以降、二回の証券取引等監視委員会の定例検査を受けており、二回目は昨年の春先に終わったばかりだ」

入社式の三木を思い出すたびに、「社長には後ろめたい気持ちがあったのかもしれないな」と新納は考える。

入社以降、山一の株価は下がり続けた。

最悪の事態もあると覚悟したところに、破綻の報を聞いた。勤めていた甲府支店に従業員の多くが集まった。パニックに陥ったのか、前日まで丁寧に呼び合っていた社員が急に名前を呼び捨てにした。態度を急変させる者もいた。

先輩たちには守るべき家族があったが、新納には自社株も養うべき家族もない。だから、将来への不安を感じることもあまりなかった。なんとかなるだろう、と思った再就職も、山一の看板のおかげですぐに決まった。

外資系証券会社や新聞記者を経て、山一の先輩に誘われコンサルティング会社起業に参画した。その後、独立して会社を経営している。

新納が誇りとするものは、現在の一四名の従業員たちである。「会社や自分の都合を優先するのではなく、顧客本位で仕事をするように」と社員に伝えている。リーマンショックや東日本大震災の影響もあり、従業員には苦労をかけた。それでも、一人も会社を去ることはなかった。必死に仕事をして支えてくれたことが嬉しかった。

会社を存続させ、従業員や家族の生活を守ることへの責任を、経営者となったいま、痛感している。苦しかったときに従業員がそうしてくれたように、言葉ではなく、行動で示さなければならない。

情を重んじる

西村明彦（札幌支店→不動産戦略研究所代表取締役）

一九九〇年に入社すると、山一のドル箱で「北の砦《とりで》」と言われた札幌支店に配属された。バブル経済が崩壊寸前の輝きを見せていたころで、証券営業は面白く、同時にとてつもなく厳しかった。疲労とストレスで吐血し、びっくりしたこともある。相手の懐に飛び込むと思いのほかうまくいく、ということもこのときに覚えた。

夢中で働いているうちに、本社から出張して来る幹部らの話が耳に入ってくる。証券不況が長引くというのだ。入社前年の暮れの大納会で史上最高値三万八九一五円をつけた東証平均株価は、九ヵ月で半値近い水準にまで暴落している。

西村明彦は一方でどこかやり切ったような気持ちに陥っていた。もともと独立心が強く、「よし、ここらで」と起業を思い立つ。不動産業に転身しようと考えて、三年目に辞表を提出した。

辞めたとたんに、親戚たちから「お前は何をやったんだ」と叱られ、父親は激怒して口もきいてくれなかった。大企業を短期間で辞める若者など珍しかったのである。転職市場もなければ、起業を後押しするような空気もない。おまけに地価まで暴落し、不動産不況もあらわになった。母親だけが何も言わず、実家に迎えいれてくれた。

しばらくアルバイトをしながら宅地建物取引業免許を取り、学生時代の友達と結婚した。とりあえず二人で食べていかなければならないので、起業の夢をいったん棚上げし、東建コーポレーションに就職した。これが実務修業となった。転職して三年後に、山一は破綻する。いろいろ言われたが、いまでは良い選択をしたと思っている。

その後、不動産ネットオークションを手掛けたり、不動産会社の新規上場に携わったりした。さらに、東京の銀座や新橋でビル、店舗のリーシング（仲介業務）をしたり、不動産ファンドを渡り歩いたりして、リーマンショック後にようやく四二歳で独立した。山一の経験も活かして、従来の不動産業にとらわれない事業に手を広げている。

山一は情に厚く、紳士たちがいた会社だった。そこで営業の基礎を仕込まれ、ビジネスは人の縁と人情こそが大事だと教えられた。「不動産商人」という自負があり、売り手と買い手、仲介の自分の三者がそれぞれ満足できる取引を目指している。

口幅ったいが、情を重んじるビジネスは長続きするし、それが自分の財産になっている。

とにかく諦めない

岩佐直樹（シンジケート部シンジケート課課長代理→外資系証券会社）

海外で仕事をしたくて山一に入った。人事担当課長が「海外に行けそうな部署に配属する」と言ってくれた。四年目にロンドンに赴任し、そこで外資系企業への興味を抱いた。帰国後、山一の先輩の転職組から誘われたり、ヘッドハントを受けたりしていたが、なかなか踏ん切りがつかなかった。

やはり外資に行こう、と決めたのは破綻の半年ほど前のことである。数社の面接を受けていたころに破綻を迎え、そのときが来たと思ったとたん、相手企業に「山一からの採用は一時停止」と言われてしまった。就職活動をしながら、支店の清算業務を手伝い、一方で大蔵省の金融検査で、「飛ばし」のチャートづくりを補佐した。株や債券の伝票を見ながら、山一の簿外債務がどこからどこに、どの期間飛ばされていたのかを図表にしたのである。その日々を淡々と続けて、一九九八年一月末に退職した。

翌月から外資系証券に短期間勤めた後、他の外資系金融会社に転じ、香港支店に駐在となった。岩佐直樹にとって二度目の海外生活である。ジャパンデスクと呼ばれる日本人顧客を担当する職場で、香港とシンガポールを行き来した。三五歳で東京の証券子会社に異動した後、二度転職をし、現在は外資系の証券会社で働いている。山一を入れると五つ目の職場である。

転職して成績が伸びずに苦労もしたが、とにかく諦めない、と心に誓っていた。愚直に仕事をこなし、どこでも恥ずかしくない数字をとってきたという自負がある。

転職はバタバタせずに縁のあるところに落ち着くことだ。ただし、五一歳のいまになって思えば、その後の転職はなるべくしない方がいいようだ。自戒を込めて思う。

自分があるのは、あのとき、山一が海外につながる部署へという言葉を守ってくれたからだ。ロンドンに五年間勤務していなければ、その後のキャリアはなかった。同期の頑張りも励みになっている。

みんな、負けた会社で働いていた。その経験がバネになっている。

第一三章　明日のための記憶がある

思い出が支えてくれた

福原恒夫（清算業務センター）

二度までも破綻するとは、何と馬鹿なことだろう、と思っているところへ、山一の本社から電話がかかって来た。福原恒夫は元海外事務部長兼外国証券事務課長で、一九九五年に山一を定年退職して、二年以上も過ぎている。再就職はせず、神奈川の自宅でゆったりと過ごしていた。一線を退いた老兵をいまさらなぜ呼び戻すのか、と思ったが、

「清算業務に人手が必要だから、手伝ってもらえませんか」

そう頼まれると、嫌と言えるはずがなかった。

「交通費だけもらえればいいよ」

海外事務部の社員も次々に再就職をして去ってしまい、事情がわかる者を臨時に求めていたらしい。福原は破綻した直後に本社に駆けつけている。後輩たちが心配で矢も楯もたまらなかった。表向き、みんなが平静を装っていることにほっとしたが、別れると急に涙が湧いてきた。

彼は一九六五年の第一次経営危機でも渦中にあった。そのころ、長野県の松本支店にい

た。支店開設の設立準備委員として赴任しており、山一自体は日銀特融によって何とか危機を脱したが、松本支店は閉鎖されてしまった。当時、福原は組合の役員を務めている。解雇されていく女性社員の寂しげな顔が忘れられない。二度とこんなことは嫌だ、と三〇歳の福原は強く思った。

入社したのは、神武景気が始まった一九五四年である。長野県辰野高校を卒業して、本店投資相談課へ配属される。兜町にあった当時の本社は、ギリシャ様式の重厚な建物で、正面玄関を入ると二階の役員室へと続く階段があった。

その階段を、創業者・小池国三の次男で当時の社長であった小池厚之助がゆっくりと降りてくる。威風堂々とした貫禄に圧倒された。ワンマンで「永田ラッパ」と呼ばれた大映社長の永田雅一の風圧を受け、階段ですれ違いざまに目が合ったこともある。あんな華やかな会社が消え去るとは——。

清算業務センターの国際事務部で、彼は再び働きながら考える。

——日本の企業は隠蔽体質を簡単には変えられないのだ。自浄作用もほとんどない。会社がこうなる前に、早い段階での内部告発も必要だ。それは、内部で不正一掃を言い出せないとき、膿《うみ》を早く出し、結果的に企業や社員を救うための良策ではないか。

二度目のお役御免を告げられたのは、一九九八年夏。センターを離れ、自宅に戻った。そのときにセンターから求められ、〈日本の会社は、内部告発による強制捜査を、「公正検査」

と読み替えて会社を掃除してもらうことだ。そのときは痛みを伴うだろうが、その後、健全な体質に近づけるのではないだろうか〉という「サヨナラ」の手記を残した。

そして、「外国証券事務課」のネームプレートを記念に持ち帰って、机に飾った。眺めていると、六十余年の出来事が語りかけてくる。その思い出が自分を支えてくれた。

入社後間もなく、高卒同期の三〇名でつくった「二九《にいきゅう》会」はその後も例会を開き、女性社員や途中退職者も加わっていた。嫌な思いをせずに定年を迎えた仲間たちだ。毎年、一八名ほどの同期と、女性社員四、五人が参加をした。幹事は持ち回り制だった。

二〇一五年の二九会の折に、幹事が声をかけた。

「みんな八〇歳になるから、今年をもって最後にしましょう」

反対の声はあがらなかった。自然な成り行きで解散をした。いま思うと、例会がある間は、山一のぬくもりを無意識に感じることができた。そこには連帯感があった。いま、それがなくなり、孤独感がひとしお増してくる。人のつながりの温かさが八二歳になったいまは懐かしい。

破綻後二〇年を機に、「外国証券事務課」のプレートや、入社したときにもらったぼろぼろのパンフレットをそろそろ整理しようか、と思っていた。だが、何となく、そのままにして眺めている。まだ閉幕ではない。だから山一離れも少し先のことだ。

なにごとも精一杯楽しむ

野口美穂（人事二課→社会保険労務士法人）

野口美穂は、前掲の福原恒夫同様に、破綻した山一から呼び戻されている。一九九二年入社の彼女は福原より三〇歳も年下だが、破綻前の一九九七年八月末に退職をしていた。

ところが、破綻の翌年に突然、清算業務センターで働くように頼まれ、センター長の菊野晋次たちの下で派遣社員として勤めることになってしまった。センターでは社員の再就職が決まると、次々と社員を送り出していた。そのために人手が足りなくなり、派遣の形で元社員たちを雇う羽目になったのだった。

野口はそれから三年ほど、清算業務に残った社員の給与計算やすでに退職した社員の源徴収票、手続き書類の作成に追われた。破産会社の元社員である。会社清算の「しんがり」にはこんな形もあるのだ。

そのころ彼女は残っていた山一の社旗を自宅に持ち帰っている。

会社には、最後の総務部長が作らせたものも含めて、社旗や国旗がたくさん残っていた。破綻翌年の九八年はＦＩＦＡワールドカップがフランスで開催されたのでサッカーファンの社員たちが国旗を次々と持ち帰ったが、社旗は余っていた。それで、「なにごとも精一杯楽しむ」という主義の彼女が「よし、私が」と保管役を買って出ることになった。

それは毎年、野口たちモトヤマ「人事部会」の会場に飾られ、あるいは他の部署に貸し出されて、彼らが年に一度、仰ぎ見る旗となっている。

山一證券を復活して

安田典子（証券貯蓄部課長代理→清算業務センター）

山一を二度、解雇された人々がいる。一九六一年入社の安田典子もその一人である。

一回目は全店閉鎖の一九九八年三月末。全社員が解雇予告通知書を受け取った。彼女は証券貯蓄部の課長代理で、「ミディさん」と呼ばれる女子社員の再就職の手続きに追われていた。ようやく仕事を終えようというときに言い渡された「解雇」の響きは、ひどく屈辱的なものだった。

多くの社員が転職していく。だが、清算業務は終わらない。再就職が決まらなかった彼女に声がかかり、清算業務センターに再雇用される。

二度目の解雇はそれから一年三ヵ月後のことである。山一が申し立てた自己破産手続きが終わり、清算業務もようやく目途がついていた。

彼女は自分へのけじめをつけようと、東京・浅草の寺に墓参する。そこに債券本部在職中に上司だった里見昭（元副社長）が眠っていた。そして、世話になった元副社長・北川文章の虎ノ門の事務所に回り、退社の挨拶を済ませた。山一社員としての最後の勤めだった。

安田は山一證券が大好きだった。入社して初めて参加した山岳部主催の富士登山、十数人のスキー仲間と毎年行った蔵王のスキー、夏休みに行った海外旅行。そのたびに、ロンドンやパリ、フランクフルト、アムステルダム、香港と、山一の事務所を訪ねた。それらの日々は彼女の青春の記憶と重なっている。

安田の自宅居間には、ガラスケースに入った日本人形が飾ってある。優雅な舞姿の、その「羽衣」は山一所有の物品展示販売会で購入したものだ。それは大事に仕舞っている山一社員手帳や社員バッジ、カレンダーとともに、彼女の一人暮らしを彩る宝物となっている。

安田は二〇一七年春、菊野の呼びかけに応じて手記を寄せている。その末尾には「誰かが山一復活を」と記されていた。

〈今は世界中で何時、何が起こるかわからない時代になりましたが、私達が経験した様な悲劇が二度と起こらぬ事を、そして何時の日にか、どこかで誰かが山一證券の名前を復活してくれる事を祈るばかりです〉

「こういうときのための結婚なのかもね」

石橋幹子（恵比寿支店投資相談課カウンターレディ→消費生活コンサルタント）

石橋幹子が勤める支店の、支店長車の運転手は世話好きで、ユーモアにあふれていた。新宿新都心支店が閉鎖され、異動した恵比寿支店でも一緒に働いたが、素人ながら自ら作詞した歌を営業マンに作曲させて、皆の前で披露した。「新都心音頭」や「新宿の熱き唄」も彼の作詞で、仕事が終わった後、会議室で披露会を開き、音大出身の社員が歌ったこともある。

彼の運転する支店長車は営業車を兼ねていた。石橋が大金を運ぶときや外勤時に乗ると、愚痴を聞いてくれた。そして励ましてくれた。

「入社してしまった会社は大したことないように思うだろう。けれど、外から見たら山一はすごい会社だよ。頑張んなきゃ」

山一破綻のニュースを最初に教えてくれたのも、その運転手だった。早朝、「大変だ、新聞を見て」と電話がかかってきた。二八歳の石橋は新婚である。「結婚祝いに三人で昼食をとりましょう」と運転手が言ってくれていた、その日のことだった。

海外挙式の帰りに三洋証券が倒産し、「大変だな。まさか、うちは大丈夫でしょ」と夫と話したことを思い出した。呆然とした。

その二日後には支店に緊急出社するよう呼び出しがかかる。暗い気持ちで出かけたこの日、夕方から結婚パーティーが予定されていた。夫と出会うきっかけになったアルバイト先の仲間が主催する会だった。しかたなく、職場から直接パーティー会場に向かうと、仲間たちが複雑な表情をしている。

「『おめでとう』と言っていいのか」

そんな空気の中で、夫がおどけるように言った。

「こういうことがあったときのための結婚なのかもね」

それでみんなに笑顔が戻った。救われる思いだった。

運転手が予定していた結婚祝いは、お互いに再就職が決まってから、小さなフランス料理店で催された。食事のあと、自宅に招かれ、社員旅行のアルバムや社内の催し物を映したビデオを見た。次々と楽しい思い出がよみがえってきた。

会社はひどいことになったが、周りの社員は誠実でずるい仕事をしない人が多かった。テレビコマーシャルをしているところならどこでもよいと思って就職した会社だったが、「人の山一」という言葉を実感できる居場所だった。

毎年、当時の新宿新都心支店の支店長を囲む会を開いている。そこで上司や先輩たちがいろいろな職場で頑張っている話を聞く。会社は無くなっても山一マンのマインドは消えないと確認できる場だ。

「もうそんなことは忘れなさい」

大久保隆生（清算業務センター）

大久保隆生は、いまだに山一を「うちの会社」と語る愛社精神の持ち主である。プライドを高く持ち続け、妻には「もう忘れなさい」と言われているという。電話取材に次のように答えている。

「私が大学を出て会社を選んだときは、昭和三七年。そのころは、山一は四大証券の一角だった。東京海上とか、三菱とかいろんなところがあったけど、山一はよく看板が出ていたんで、ああ有名な会社なんだと思いましたよ。

この二〇年を支えてきたのは、やっぱりプライドを捨てなかったことかな。いまでも山一にいたというプライドは持っていますよ。七八歳になっても、日経平均やダウはいくらだ、日銀の金融政策はどうだと関心を失っていない。捨てきれない。山一にいたからですよ。

一流企業になっている会社の社長でも副社長でも僕が現役のころは経理担当で、営業のためにそういう人たちを訪問して会っていた。いまになって、よれよれの年寄りになっても変なプライドを持っているのはそういうことだと思うね。

女房には『もうそんなことは忘れなさい』と言われるけどね。四〇年培われたものは消えないということですよ。

女房とよく話すのは、うちの会社がダメになったのは、東芝とよく似てるなと。東芝の経営者も、当時の山一の経営陣も同じだな。山一證券には四〇年代問題というのがあった。山陽特殊製鋼が潰れたとき、山一も危なかったが日銀特融で助かった。そしたら、何十年後かに同じ失敗を繰り返した。東芝も土光さんが立て直すまでは危なかったわけですよ。土光敏夫さんが立て直したのに、何十年かしてまたこれですからね。ぼんくら経営者がこうするんですよ。

この二〇年間で挫折した経験というのは倒産したときですよ。その後、中小の証券会社に勤めました。退職した後は目立つようなことはなかったな。家族は大きな病気をしなかったしね」

ここにもモトヤマがいた！

金澤利行（清算業務センター→投信アドバイザー）

もう仕事はできないのだ、と病院のベッドで金澤利行は沈み込んでいた。二〇〇七年二月、税務署に確定申告に行く途中、脳梗塞で倒れたのだ。六五歳である。銀行の投信アドバイザーを半年ほどで辞め、次は何をしようかと考えていた矢先だった。

手足はしびれて硬直し、歩くこともできない。口も思うように動かず、うまくしゃべることができなかった。

彼は社長だった野澤正平と同じ一九六四年入社である。野澤が社長に就任すると、同期を集めて賑やかに祝賀会を開いたが、その一〇〇日後、会社は崩壊し、会見で叫ぶ野澤の姿をテレビで見た。浦和支店次長だった。約三五年の山一人生を終え、さらに一九九八年一〇月末まで清算業務センターで働いていた。

野澤の場合は、号泣会見のおかげで逆に求人が殺到したと評価を受け、退任するとあちこちから再就職の声がかかった。だが、金澤には見つからなかった。職安に通い、東京都の「生涯能力開発促進センター」で受講して、求職を続けた。

それから六年の間に、ＩＴ関連の人材派遣会社に勤め、義弟が設立した中古トラックの陸送会社を手伝い、官公庁の施設管理や警備、清掃業務に就き、銀行での投信アドバイザーという道をたどっている。

入院中のある日、隣のベッドにいた患者に見舞い客が訪れた。ふと顔を見ると、二十数年前の同僚である。「おおっ！」。少しずつ自由を取り戻した口で思わず話しかけた。見舞客は一〇年ほど山一に勤めて大手印刷会社に転職した、同期入社組である。

隣のベッドにいるのも、山一を中途退職した先輩だった。二〇歳ほど年上で、彼も同じ印刷会社に転じていた。そのモトヤマのところに、モトヤマが見舞いに来て、隣に自分がいる。偶然に驚き、励まされた。同じ世界で働いた三人のモトヤマが良き時代の話で盛り上がった。

「俺たちが入社したころは、証券業界も調子が良かったんだがなあ」

「まさか、こんなことになるとはな」

「あんな大混乱になるとは思わなかったよ」

生きていれば出会いも、驚きも、いいこともある。

現在も通院しながら食事療法と運動療法を続けている。ウォーキングは日課で、美術館や植物園、公園、寺社を精力的にめぐっている。山一の同期会はいまでもたまにやっている。病院での再会がきっかけで、あのモトヤマともよく話すようになった。

そういえば、野澤はどうしているだろう。

「真面目で人情深い人でしたよ。努力家だし、大変なときに社長になって、可哀想だったな。自主廃業後も、清算のために会社に残っていた。それまでは何度か同期会にも顔を出していたんだが、山一が完全になくなってからはまったく顔を見せなくなってしまってね」

金澤はそう言って、「元気にしているといいんだけど」と言葉を継いだ。

やじろべえの人生だ

穂積勲（清算業務センター→武蔵野銀行）

その夜、新潟支店の穂積勲は「万代丸」に乗っていた。六人も乗れば満席の小さな釣り船である。信濃川の河口を下り、釣り場に向かっていた。単身赴任の「釣りバカ」である。清算業務センターから「サヨナラ」の手記募集を告げられると、彼は迷わず、あの夜の釣果を綴った。

〈船長の巧みな操作で、目標海域に近づきつつあった。暗闇の世界で、万代丸の明かりだけが、海面を照らす。海中に水中灯を入れ、アジやイナダをさびきで釣り上げ、見る見るうちに大きなクーラーボックスが満杯に近づいてしまった。

「釣れているときは、それ行けドンドンだ！」

船長は力強く笑いながら舟を操作していた。午後七時に始まった釣りは零時を回り、翌午前一時半にようやく納竿となった。あふれるばかりの獲物を無理やりクーラーボックスに納め、愛車のチャリンコで、行きつけの酒処に向かった。地元の八海山で舌を滑らかにして、これでもかこれでもか、とばかりに自慢話に酔った。

「もう店を閉めるから、いい加減にして」

そう言われてようやく重い腰をあげ、五〇メートル先のマンションに戻り、眠りについた。一一月二二日午前四時だった。

午前六時過ぎに携帯が鳴った。午前七時過ぎに新潟支店に着いた。祈るような気持ちで、テレビ画面に身を乗り出していた。ひっきりなしにかかってくる電話の問い合わせで、〈破綻の〉三日間が過ぎ去った〉

同期の女性社員が叫んだことを思い出した。山一株が一株五八円に急落したときだ。

「この値段はどうしたの！　何があったの！　絶対に何かある！」

その叫び声は、支店の証券貯蓄部次長だった穂積の胸の奥深くを侵《おか》した。株価が一〇〇円を割ったのであれば、倒産を意味するのだ。常日頃、顧客に聞かせていた。それが自分の会社で現実になるとは、なんという因果だろうか。

それから四ヵ月後の一九九八年三月三一日夜、穂積は肌寒い越後路を後にし、清算業務センターの窓口課に加わった。

センターを離れてから、挫けそうになったことは一度もない。

仲間にも恵まれた。七三歳になったいま、武蔵野銀行に週四日勤務しているが、ノルマに明け暮れていた証券時代に比べると、これでよいのかと思うほど楽しい。仕事をして、適度に酒を飲み、温泉旅行にボウリングにダーツ、老人会の世話も焼いている。

ここにいられるのは、山一で得た営業力と知識のおかげだ。恩を感じている。

破綻自体は大変な衝撃だったが、それも人生の一コマだった。だから、支えられた言葉といっても特にない。

まあ、やじろべえみたいな人生だ。右に傾けば左にも行く、そして真ん中で止まる。それがいまかなと思っている。

第一四章　負けるもんか

何ともないことが幸せだ

森山英樹（清算業務センター→闘病）

森山英樹もまた、清算業務センターで働き、辞める際に「サヨナラ」の手記を寄せた一人だ。

〈顧客より怒鳴られたりしましたが、いまとなっては懐かしい思い出となってしまいました。当社が廃業して初めて、社会的、また個人的にも影響の大きさを痛感しております。相田みつをの「しあわせはいつもじぶんのこころがきめる」という言葉をモットーに過ごしていきたいと思います〉

そう書いた森山は、清算後、一年ほど通院してがんと宣告された。私たちの取材に「破綻後は結局、健康問題しかなかったですよ」と言う。

「その後の成功体験もないし、書いても面白くもおかしくもないです。女房もいまは介護老人保健施設に入っているし、二日に一回はそこに行っている。

体調管理は自己責任ですから、しょうがないですよ。そういう運命というか。友達には自殺した人も、がんで亡くなったのもいますからね。ですから、何ともないことが幸せだと思いますよ。何度も手術をしまして、よく生きているなと感じますね。

廃業後、一年くらい通院してもわからなかったが、結局、がんと宣告されたときも、別に病院や他人のせいにしてもしょうがないと思いましたよ。問題はこれからも、健康に生きていけるかということです。健康で何もないということが幸せですよ。それ以外に、座右の銘などないですね。この歳になると、平凡な毎日、波風立たないことが幸せなんだ、とわかります。病気をしてきたからつくづくそう思いますね」

頭を上げて続けていれば、それが力になる

岩永慶子（高槻支店投資相談課主任→フィナンシャルプランナー）

重度の頸椎《けいつい》ヘルニアで二度の大手術を受け、闘病を続けていた。一九九七年四月に総会屋への利益供与事件が発覚し、山一株が急落した後も、岩永慶子は大きな治療具を外せず、病院や自宅で天井を見つめていた。

――社員みんなで経営危機を乗り越えようとしているのに、私だけがずっと会社を休んでいる。

そう考えると苦しくて、髪の毛がばっさりと抜け落ちてしまった。

彼女は投資相談課のチーフの一人で、投資信託や転換社債を販売して実績を上げていた。証券会社は支店窓口でも腰掛け気分では勤まらない。投資に失敗した顧客の罵声を浴びたり、包丁を持った男が現れたりすることもあった。

約二〇人の投資相談課の女性にもノルマがあり、ストレスで全身に蕁麻疹《じんましん》が出る社員もいた。しかし、岩永は仕事を任されると力を発揮できる質で、ノルマをこなすと達成の喜びがあった。

支店の階段の踊り場に、「継続は力なり」と大書された古いポスターが貼られていた。そのポスターを見上げていると、営業マンの吸うタバコの匂いが奥から漂ってくる。絶え間ない電話の音とざわめき、女性社員の笑いさんざめき――そのすべてが好きだった。「人は組織に所属してこそ成長できる。自分はそんな組織型の人間だ」と信じていた。

しかし、休職して一年が過ぎても、頭や足が自由に動かせなかった。とうとう夫に頼んで辞表を支店に届けてもらった。これ以上、もう迷惑はかけられない、と思った。

意外なことに、辞表を手にした上司はそれを受け取らず慰めてくれたという。

「会社の仲間もお客様もみんな待っていますから、もう少し頑張ってみませんか」

山一の営業現場には温情に満ちた人も少なくなかった。それが「人の山一」の美質であり、「ぬるま湯」と評された山一の弱点でもあった。

岩永は上司の言葉に感激した。逃げずにもう一度、会社に復帰しようと決意して、再度転院し、リハビリに専念することにした。

山一が破綻したのは、そんな決意を抱いて鳥取に転院先を見つけて一ヵ月後のことである。山一の本支店に顧客が押し寄せているとき、その病院に運び込まれていた。一九九八年二月末、高槻支店は閉鎖された。その日、彼女は病院の屋上に上がり、雪空に向かって手を合わせた。

再就職したのは二〇〇〇年春のことである。山一の同僚たちはみんな新しい世界に進んでいると思うと、自宅にこもって誰にも会いたくなかったのだが、このままでは心まで病気になってしまうと思った。その一年ほど前からフィナンシャルプランナー（FP）講座に通い始めており、人間の一生に関わる仕事の面白さに気付き始めていた。

それから一七年、独立系FP会社の「ノースアイランド」で働き続け、常務取締役という立場に立っている。忙しくて仕事の感慨など持つ余裕もないが、自分を支えているのは「継続は力なり」の、あのポスターだと思う。

自分に負けずに継続すること。うつむくことがあっても当たり前だ。でも、頭を上げ、何かを続けていれば、それが力になる。

株はやめられない

宮澤董（清算業務センター）

清算業務センターの嘱託となったのは、再就職活動がうまくいかなかったからだ。本店営業部部長の宮澤董は五八歳になっていた。自主廃業からわずか六九日で退職することになり、何か仕事に就ければという気持ちから、東京都江東区の塩浜ビルに向かった。「清算社員」と呼ばれる立場になったのである。

営業窓口はその二階にあった。清算業務センター発足式が終わり、翌日の一九九八年二月二日午前八時四〇分、窓口に座ったとたんに甘い気持ちは吹き飛んだ。代表電話一〇本と内線電話五〇本が一斉にけたたましく鳴り響いた。顧客からの電話と閉鎖間近の支店からの問い合わせだった。宮澤らは声を限りに応対をした。

部屋中にワーン、ワーンと響く声は、いまも忘れられない。三月、四月、五月とその音は続いた。ある女性社員は、「電話のベル音が体中に沁み込んで気が狂いそうだった」と言った。異常な世界に身を置いたと思いながら、宮澤はただ必死に電話に応えた。

顧客からの電話は怒りと不満、嘆きをぶつけるものが多かった。それに答え、また受ける。耳が痛くてちぎれそうだ。胸も痛んだ。山一證券の解体作業に参加しているのだ、という重大さに気付いた。

あんなときに人間の根性が試される。騒音の中で笑顔を絶やさなかった石丸、蛍光ペンでノートを染め応対し続けた杉山、どんな怒声にも感情を露にすることのない山崎、スマートな江戸っ子の植原——彼ら同じグループの仲間や上司に出会ったことは生涯の財産となった。修羅場の戦友だ。

夏が過ぎると、顧客からの問い合わせがようやく減り、ほとんどの清算社員が一〇月に解雇された。宮澤もその一人である。ハローワークに通って就職活動をしたがやはり見つからない。失業手当の受給期間が過ぎると年金受給者となった。

そこで多くはない退職金を、株で増やそうと投資した。NTTドコモやソフトバンクの株などで多少プラスになった。山一から転職した証券マンたちからも情報も集め、頻繁に売買をした。戦前生まれだから、腕には年季が入っている。彼が入社したころは、明治、大正生まれの顧客がまだ多かったのだ。旧海軍にいて日露戦争で旅順攻囲戦に参加したという顧客もいた。

厄介なのは体調の変化だ。歯と目と腰を悪くし、鼠径《そけい》ヘルニア（脱腸）の手術もした。手術はできるだけ避けたかったが、点滴で三日間、ベッドで寝たきりのときにも、戦地の「兵隊サン」に比べれば恵まれていると、昔に戻ったような不思議な幸福感に包まれたものだ。

大損もした。株を買っていた会社が倒産したり上場廃止になったり、投資信託が値下がりしたこともある。「株というのは一時下がっても、会社がある限りはまた上がる可能性がある。でも山一のようにつぶれるとゼロになるわけだ。株券は紙切れになるから、それはショックだよ」と彼は言う。

しばらくは静かにしていたが、それでも株はやめられない。

株には欲もからむ。だから、新聞も政治、経済面を真剣に読み、雑誌もどこかにいい情報はないかと一生懸命になる。そして、予想を当てる喜びがある。この会社が上がるぞと予測して、的中したときに満足感を得られる。

「儲かっているわけでもない。買えば下がる、売れば上がるの繰り返しだ。だが、自分も若いころは山一で明治、大正生まれの顧客に助けられた。だから、いまは若者の応援をしているつもりにもなる。いろんな株を薦めてくる営業マンのね、お互いさまなんだよ」

「社員は悪くありません」

飯田琢也（いわき支店投資相談課→都銀）

民事法廷の結論はともかく、飯田琢也は彼なりのやり方で山一の破綻に抗《あらが》った。彼は山一株融資の支払いを拒否して訴訟で争ったのだった。始まりは、いわき支店の清算業務が落ち着いてきたころだった。

山一では社員持ち株を推奨し、自社株の購入代金を低利で長期融資していた。飯田の場合は七〇〇万円を借りて山一株を購入していたが、会社破綻によってこれが紙くずとなった後、上司を通じて会社がその融資の返済を求めてきた。大半の社員は泣き寝入りである。

飯田はこう言ったという。

「私は会社の粉飾決算を知らずに購入し、紙くずになりました。しかも、倒産前の株価一〇〇円のころに売却したいと本部の担当部署に申し出たときも、半年間は売却できないルールだと断られた。それなのに『払え』と言われるのは納得できません」

飯田は支店全員が揃った会議の席で上司になじられ、やがて破産管財人との訴訟に発展する。一途に頑固なのである。抵抗は敗訴に終わるのだが、なおも支払いを拒否して差し押さえを受け、やむなく一括支払いに至る。結局、金利や訴訟費用を含めると、一〇〇〇万円近くを要したという。

会社破綻などの激変に直面すると、誰もが自分の身の安全を優先し、近視眼的に考えるが、そんなときこそ自分に正直になるべきだと、彼は言う。困難に立ち向って生き方を見直す勇気を持つべきだ。

「山一株の件で、粉飾決算の責任を株主がとらされることに対して（訴訟などで）戦ったのは一〇人もいません。訴訟で戦った人は結局負けたが、誰も後悔はしていないと思います」

破綻から一〇年ほどは、社長だった野澤の「社員は悪くありません」という言葉に支えられた。もともと悪くないのだから、争って負けても胸を張るべきだと考えている。

逃げるな、頼るな、焦るな

長嶋栄次（山一證券投資信託委託常務取締役→外資系投資顧問会社）

真新しい手帳の冒頭に今年も、〈逃げるな、頼るな、焦るな〉と記した。

営業一筋に歩んだ自分を励ます言葉だったが、投資顧問会社から「コンプライアンス担当として来てくれ」と求められたとき、支えにしたのもこの言葉だった。法令に関する知識に乏しく、初めは転職を断ろうとも思ったのだが、「大変でしたね」と周囲に声をかけられた。ここで逃げるようでは、苦境に立ち至ったらまたいつか逃げるようなことになると思い直し、証券六法を片手に七年間を務めきった。

山一の債務隠しを続けた当時の経営陣が、経営破綻後、社員に説明や謝罪の言葉もなく逃げたのは許せない、といまも思っている。どんなピンチにも真正面から取り組めば必ず道は開けるものを。

第一五章　家族がいるから

借金に負けてたまるか

鈴木正（横浜支店長→アリコジャパンエグゼクティブマネージャー）

だめだったら、この家を売ればいい

鈴木説子（北九州支店カウンターレディ）

頑張れば勝てるよ、なあ

星野鐐《りょう》（渋谷支店長→アリコジャパンシニアマネージャー）

山一が破綻したとき、鈴木正は約六〇〇〇万円の借金を抱えていた。五〇〇〇万円ほどが住宅ローン、残りは教育ローンである。バブル期に東京の多摩地区に一戸建てを建てていた。三〇坪の家に過ぎないが、高値摑みをしている。

破綻時は横浜支店長だった。横浜支店は全国で一〇本の指に入る大型の老舗店である。一九九一年に四大証券の損失補塡事件が発覚した後、本社の営業企画課長として、従来のノルマ営業の経営方針を、支店独自に重点目標を決める「自主営業」に転換しようと唱えて、先輩や支店長たちとやり合ったことがある。山一では傍流の個人営業畑を歩き、そこを変えようとした一人として社内では認められていた。

それが突然の破綻で職も肩書も失った。破綻の主因は、社内主流派でありライバルであった事業法人部が「飛ばし」によって隠していた巨額債務が発覚したことである。

――その事業法人部門や経営陣の愚かなツケを、なぜ、どぶ板営業で汗を流した支店や個人営業部門が背負わなければならないのか。

破綻する半年前には、山一の経営再建計画を書き、「何としても新生山一に導いてほしい」と親しい役員に送っていた。再建に強い期待を抱いていただけに、無念としか言いようがなかった。山一は、政府の金融再編のスケープゴートになった、と感じていた。

しかし、支店の部下たちの再就職が一段落すると、自分も一兵卒に戻って働くしかなかった。ローン返済が滞れば、妻と娘の三人で住む家まで売り払わなければならない。

転職先にメリルリンチ日本証券を選び、池袋支店の営業職で働いた。丸一年が過ぎたころ、外資系のアリコジャパン（現・メットライフ生命保険）に転職していた二年先輩の星野鐐から「うちに来ないか」と誘われる。星野は山一渋谷支店長のあと、アリコジャパンで札幌を担当しており、福岡で新たに開設するオフィスでエイジェンシーマネージャーを探していた。頑張れば三〇〇〇万円の年俸も夢じゃないと鈴木に言った。保険商品を売るのではなく、優秀な社員をヘッドハントして組織を拡大するのが仕事だという。

半信半疑だったが、「お前ならきっと成功するよ」という言葉に賭けてみようと思った。借金は減っていない。会社が踏み入ったことのない〝白地〟の場所で、また一から思う存分やってみよう。

六つ年下の妻説子は「あなたの好きなようにやればいい」と言った。

「もしだめだったら、福岡の私の実家に戻ればいいじゃないの。この家を売り払って、あの娘《こ》も学校を辞めてもらうしかないね」

その一言で腹をくくった。

――借金に負けてたまるか。

理想を語ることは良いことだし、たやすいことだ。だが、一番身近な者を守らずして、すべての理想は夢想であり、卑怯者の弁だ、とも考えた。

学校のある娘と妻を残し、単身で福岡に乗り込む。地元の大学ＯＢ名簿や会社名簿を手に入れ、そこから選び出した人物に一日中、電話を入れ、面談を申し込んだ。

「いまの会社に満足されていますか。新しい仕事に興味はありませんか」

「我が社はいまよりももっと能力を発揮できるところです。あなたの力に見合う報酬を用意しています」

口説き文句を自分で考え、福岡や佐賀、長崎、大分、鹿児島と九州一円の証券マンや地銀の銀行員、デパートの外商部員、旅行会社社員、自動車のディーラーたちに会いに行った。

その中から、多くの顧客を抱え、将来はマネージャーになれるような腕利きをスカウトしなければならない。数だけ揃えても無能だったり、根気のなかったりする者はすぐに辞めてしまう。スカウトしても、彼らが早期に辞めてしまえばそれは減点対象となる。エイジェンシーマネージャーは、その一割しか生き残れない厳しい世界だった。反面、優秀な人材を集めて傘下に入れれば、自前の組織が出来上がり、高額報酬が約束される。

ちょうど、金融機関の倒産と再編の時期にあたっており、地方の地銀や証券社員も賃金が下がり、自分の行く末に迷いを感じていた。他の外資系企業もスカウト網を広げており、激しい人材獲得競争になった。

山一での経験から、人たらしの極意は熱意だ、とわかっている。手間がかかる相手ほど優秀だ。「こいつはできる男だな」と見込んだ営業マンは、焦らず、全力で説得した。山一で知らず知らずに身につけた金融知識や自信も役立った。鈴木は二年間、盆暮れ以外は一日も休んでいない。その結果、二年間で約二〇人をスカウトし、やがてシニアマネージャーに駆け上がった。

そのころ、自分を業界に引き入れた星野から電話があった。

「タダシ、俺たちは勝ったと思うか？」

「そうだな」と鈴木が応えると、星野は山一時代を思い出すように言った。

「俺たちのように苦労した人間はおらせんよ。いまの保険屋の中にはね。頑張れば勝てるよ、なあ」

星野も四〇人だった札幌オフィスを三倍に拡大していた。世の中すべてが変化していく。それは当たり前だと受け止め、過去を忘れたところから元支店長二人の道が拓けた。

二人は新たな部下に再び囲まれ、札幌と福岡で働き続けた。二〇一六年一二月末にいずれも定年退職し、星野は札幌の自宅に妻と暮らしている。鈴木は晴れ晴れとした気持ちで東京の自宅に戻って来た。借金は完済し、妻たちの笑顔が待っていた。

いくら悔いても戻るものではない

野村光宏（清算業務センター）

一九九八年一月末、塩浜ビルで開かれた清算業務センター説明会に参加して、野村光宏は唖然とした。あまりに膨大な仕事が待ち構えていた。山一百年の歴史に終止符が打たれるのだから、当然だったかもしれないが、そこで彼は仲間の不思議な顔を見た。彼はその光景と、センター窓口課に配属されて揺れる気持ちを、「サヨナラ」の手記に書き残している。

〈〃よし、これから最後の幕引きに向けて、精一杯頑張るぞ〃という気持ちと、一方で、自己の保身のみ考えてきた阿呆な経営者の為に、〃逆に幕が下ろされたか〃という憤懣やるかたない気持ちが、再び微妙に揺れ動いた。歴史はいつかは終焉するとはいえ、あまりにあっけない幕切れにショックは隠せなかった。

でも、いざ業務を推進していく過程では、参加者のどの顔にも無念さを通りこし、むしろ、さばさばとした気持ちで楽しそうにして事に当たっていた様にさえ思われた。倒産前と追求すべく姿は全く異なるものの、一つの目的に向かって全員一丸となっての責任感と団結力の強さを、改めて感じとる事が出来た〉

全国各地の顧客を相手にするうちに、人間の醜さも垣間見た。噴出するクレームの中には、身勝手なものもある。こちらまで興奮しては話が進まない。言い分をとことん聞き、真っ当に取り組んでいる姿勢を丁寧に伝えようと努めた。

清算業務は、数字を追求することのみに追われた自分を省みるきっかけになった。そして、あと一年で定年を迎える彼に、多くの友との出会いをもたらす。

清算業務センターが閉鎖されると、再就職はせずに、故郷の両親の世話をするために名古屋に帰った。家族の協力があって人生は成り立ってきた。

破綻のときは力が抜けるような感じがあったが、いまとなっては会社そのものが崩壊に向かう運命だったのか、とさっぱりとした気持ちでいる。

それに、いくら悔いても戻るものではない。若くして破綻を迎えた人たちは大変だっただろう。彼らも、自分と同じような気持ちでこのときを過ごしているといいけれど。

「なにすったぁ、かぁ、元気ぃ?」「おれは元気だな。おめえはなぁ、どだ?」

佐々木成一郎（五反田支店総務課課長代理→証券会社）

待ち合わせの駅に、佐々木成一郎は両手に杖をついて歩いて来た。その杖に体重を預けているのがわかったが、椅子に座ると、岩手訛りを隠さず饒舌《じょうぜつ》に話し続けた。体が不自由だということをすっかり忘れ、取材記者はメモを取った。

その話があまりに面白いので、今回は彼の語り口のままに記した。古い証券会社には、こんな話し上手がたくさんいたのだろう。

朝六時、盛岡市の友人から電話がかかってきて、自主廃業のニュースを聞きました。間違いであればいい、と思っていました。それが事実とわかると、人生が終わったと思いました。息子がまだ一歳と四ヵ月でした。これからというときに廃業なんて、天国から地獄に落ちたようなものです。

私はまず本社に八年いて、千葉支店などで総務を一〇年。盛岡を経て、東京の五反田支店にいた。三連休で、岩手の母が五反田に遊びに来ていました。お袋はパチンコが好きで、いつも驚くほど勝って小遣いを持って帰るけど、田舎だと周囲の目が気になる。好きなことをさせてやりたい、と呼び寄せて思う存分遊ばせてやるつもりだった。そんななかで電話を受けて、みんな、真っ青ですよ。

私は岩手の漁師のせがれです。親父の跡を継いで漁師になるつもりでいた。ところが、牡《か》蠣《き》の養殖が軌道に乗って「大学行ってもいいよ」と言われたので、頑張って進学しました。就職時には運よく、面接だけで山一から合格の葉書が来ました。でも長く続けるつもりはなく、三年だけ我慢するつもりだった。身内には信用金庫関係の人が多くて、将来は証券屋さんを辞めて地方の信用金庫にでも入れればなと思ってたんだ。ところが、叔父が支店長までやってた釜石信金も潰れちゃって。結局、山一でずっとやるようになった。本当に良い勉強させてもらいました。

親父は六〇歳で亡くなっています。糖尿病と胃がんを患いましたが、病院にも行かず「寝れば治る」と言ってました。酒はずいぶん飲んでましたね。自分は飲むまいと思ってたけど、蛙の子は蛙で、俺も若いときはよく飲んだな。朝七時に支店に行き、夜一〇時過ぎに仕事を終える。それから飲みに行って、五時の始発で会社に戻るような毎日だったよ。

親父が亡くなって、盛岡支店に異動しました。少しでも母のそばにいてあげたくてね。東北に行きたがる社員はあまりいないので、希望はすぐに通りました。

訛ってる人の対応は上手かったですよ。怒った客から、岩手の言葉でわーっと言われた支店長が泣きついてきたことがある。応対してみたら、親戚の友達で、機嫌直してくれた。私は生まれが、釜石と宮古の間にある山田なんですが、あのあたりの方言は南部や津軽とも全く違うから、支店長もわからなかったんだろうね。

そのころ、盛岡の居酒屋で働いていた女性に一目ぼれしました。それがいまの妻です。泰《たえ》子《こ》といいます。顔が好みだったんですよ。かみさんが、同じ岩手県の水沢（現在の奥州市）出身と聞いたときには、もうこの人だなと。言葉もわかりますからね。

どうやってアプローチしたかですか。そういうのは私は長けていてね。まあ、まず通って居酒屋のマスターと仲良くなる。マスターに合図すると、カクテルをカウンターの彼女に出してくれる。「あちらから」と。

ナンパかって？

いやあ、八割はジョークですよ、この顔ですからね。

かみさんとの初めてのデートは、盛岡のショートコースでのゴルフでした。もう一人が外資系保険屋の一九三センチの男。かみさんを奪い合うみたいにして、ゴルフの後は、その保険屋とわんこそばを張り合ったね。私はデブだったから、のっぽには負けたくないなと頑張りましたよ。もう、そばが喉のところまできた。それを察してくれて、向こうがやめてくれました。

プロポーズはなんだったかなあ。

「一緒になろう」ということくらいしか思い出せない。かみさんの親が賛成しないだろうから、「俺が切り出す。お父さんがいいといったら、いいんだな」と言って、会いに行った。そうしたら、お義父さんから「よろしくお願いします」と言われたよ。かみさんは男の兄弟はいるけど、一人娘。ちょっとやんちゃなところがあるから、早く嫁がせたかったみたいだ。俺が三五歳のときに結婚をした。

ただ、ちょっとひやっとしたことがあったよ。親父は漁師をやっていて、ウニやアワビの密漁者を捕まえていた。後でわかったことだが、向こうの関係者はその密漁をやっていたようだよ。よくそのときに捕まらなかったな。もし、捕まっていたら、まず結婚はなかっただろうなと思いましたからね。危なかったですよ。

山一では総務でしたが、仕事は結構厳しかったすよ。朝七時に出社して、いろんなデータを朝八時の会議に間に合うように準備する。夜は営業マンがカネを持って帰るのを、総務の部長と待っている。支店を全部閉めてやっと帰る。

優秀な人ばかりでした。でも、私も負けず嫌いでしてね。山一に入るときに、証券外務員試験を受けて資格を持っていたので、営業もできます。盛岡支店時代は億単位の客を支店に紹介したことがありました。社内で営業のコンテストがあって、成績がいいと金貨をくれるんです。そういうのには燃えちゃうんでね、お客をずいぶん紹介しました。そうしたら証券部長から「成ちゃん、営業に出てみないか」と声かけられました。「営業魂」のようなものが芽生えてきてたのかな。ところが、総務が足りないということで、そちらに回された。そこからずっと総務畑です。

営業魂は消えなかったので、総務なのに、営業マンを車に乗せて、盛岡から山田まで客を紹介しに行きましたよ。

今日は杖を二本ついてるでしょう。私は二歳のときに右足が小児麻痺にかかりましてね。でも、山一時代は杖もなく歩けていたんですよ。破綻から二年目に心不全で倒れちゃって、そのうち腎臓も悪くなって毎週月、水、金に人工透析を続けている。毎回四時間もかかるんだ。もう一〇年になるかな。段々、体力が落ちて歩けなくなってきて、妻が冗談のようにプレゼントしてくれた杖が、手放せなくなっちゃった。

山一にいたころは、野球部や卓球部をやっていたんだよ。走れないから、野球はピッチャー専門だけどね。大学時代はクラシックギターを弾いていた。趣味だけは広いんだ。

こうして杖を二本つかないと歩けないのは、廃業後に苦労したからじゃないかな。破綻してから、体を壊した人は他にもいるらしい。あのまま山一にいたら、もっと健康で幸せだったかもしれない。

励みになった言葉ねえ。

お袋との毎週土曜の電話かな。いつも最初の言葉は同じなんだ。

「なにすったあ、かぁ、元気ぃ？（何しているの、お母さん、元気か？）」

「おれは元気だな。おめえはなぁ、どだ？（私は元気だよ。お前はどうだ？）」

そのあと、こう声をかけるよ。

「まだ生きてっか？　あと五年は生きんだから頑張って」

お袋は八〇歳。最近ではリウマチになってしまって、昔のように頻繁には遊びに来られなくなっちゃったね。いま妹夫婦が面倒をみてくれています。曾孫の顔は見せてないから、あと五年頑張れ、って言い続けているんですよ。

再就職先は、テレビ番組などを制作する会社でした。あのときは、いろんな会社が山一社員に求人を出してくれて、ありがたかったです。かわいそうだと思ってくれたんでしょうね。そのなかから条件のいいところを選んだ。待遇が良かったんです。金融から離れたかったしね。勤務先の近くに転居して、チャリンコで通ってました。

でも、心不全になって一ヵ月入院して、結果がわからずに退院して、また数ヵ月後に入院して、というのを繰り返した。原因不明だったんです。朝起きるとだんだん呼吸ができなくなる。カテーテルを入れた検査で、心臓の太い血管三本のうち二本が、それぞれ九五%と七五%も詰まっていることがようやくわかった。それで手術して楽になりました。最初のころは、一ヵ月入院しても原因不明のまま退院させられ、また同じ症状が起こる。救急車で病院に着くころには、なぜか呼吸困難が治まる。そんな繰り返しでした。

不摂生に、ストレスもあったのかな。再就職先では、いじめがあるんですよ。山一時代の「課長代理」という肩書がどこでも付いて回る。長年いるのにまだ主任だという人などはね。制作会社には、株の整理ということで引っ張られた。非上場でしたけどね。整理が終わると、だんだんと仕事が無くなり、入退院を繰り返すようになったこともあって、五年でその制作会社からはリタイアしたんです。

そのころは、すでに杖をついていて、障害者向けの就職説明会に行ったけど、どこも条件が悪いんですね。いま勤めている証券会社も、その説明会にブースを出していたんですが、誰も並んでいない。とりあえず座って説明を聞いたら、資格の話になって、「(外務員資格、内部管理責任者など)みんな持ってますよ」と言ったら、「じゃあ来てください」。そのとき、たまたま盛岡の話になって、私と交代で盛岡支店に行った人が、いま部長としてその証券会社にいることがわかったんです。その人の推薦もあったのでしょう、いきなり専務面接になって「給料いくら欲しい」と言われました。障害者雇用だと、普通は安いんですよ。それで戸惑いながら「三五（万円）はいただければ」と言ったら、すぐ決まりですよ。資格を持っていれば、営業も総務もできるんだから。

私の人生は、山一とともに一度終わったんだよね。廃業してから楽しかったことなんて、一つもないよ。山一時代の楽しいことばかりを思い浮かべてた。でも、家族のために働いて、生きていくしかないじゃない。残りの人生は、妻と息子のために生きる。そして、また母ちゃんをパチンコに連れて行ってやったりしてね。

「買ったらわ」

大田英雄（千里中央支店長→ユニバーサル証券）

これは、二〇一三年一一月に、大田英雄がある会合で講演した記録を再構成したものである。

彼が誇りとするものは、体が元気だということだ。六七歳のいまも銀行に派遣社員として週三日通っている。四三年間のサラリーマン生活を通じて、病気で休んだのは、鹿児島支店のときに風邪で一日、宮崎支店時代に低血圧で一日だけしかない。山一の支店はこうした実直、勤勉な人々によって支えられていた。

〈大阪の千里中央で支店長をしていた一一月二一日の夕方、山一の近畿地区統括部長に、当社の状況を聞きました。

「連休明けに厳しいリストラ策が出るかもしれないが、この三連休ゆっくり休んで英気を養って下さい」

そう言われ、お客様のお店の新装開店祝いに担当者と出かけて行きました。酔って帰った翌朝四時過ぎ、ゴルフに行く予定で早く起きていた支店の事務次長より電話がありました。「会社が自主廃業とテレビで流れている」。すぐにテレビをつけびっくりしました。そのまま七時ころまでずーっと淡い期待を込めて良い方向に変わらないかと見ていましたが、進展はありませんでした。

その日は課長以上を集め、支店で待機していましたが新しいことは何も出てこず、自宅に帰りました。翌日は一日中自宅におりましたが、この先どうなるのだろうかと不安で一人ぼーっとしておりますと、近所の人が話しながら家の横を通っていくのが別世界の出来事のように感じ、自分のいるところだけが時間が止まっているような気がしました。

三日目は本支店向けのCS放送で送られてくる本社の様子を固唾をのんで見守っていましたが、午後になって正式に自主廃業が決まったことが告げられ、明日からお預かりしている証券や現金をお返しする清算業務が始まるのだという覚悟ができてきました。

翌日の朝は、八時から大勢の方が店の前に並び、シャッターが開くのを待っていらっしゃいました。私は店の外へ出て、寒い中、お待ちいただいて申し訳ないことや、お預かり物件は必ずお手元に戻ることをお伝えして、開店を待っていただきました。そして、普段より少し早めに店を開け、清算業務に入りました。初日は八〇〇名近いお客様が来店されましたが、無事に何とか業務を終えることができました。社員が昼食をとることができたのは五時過ぎで、こんな状態が一〇日ほど続きました。

そんな清算業務が続いていましたが、一二月に入りやや落ち着いてきますと、将来のことが気になりだし、いつも不安な気持ちで日々を過ごしておりました。そんなある日曜日、家内と心斎橋にあるそごう百貨店に買い物に行きました。その百貨店では店仕舞いのセールをしており、普段から欲しいと思っていたジャージがありました。私は先行き仕事がない身なので、買おうかどうしようか迷っていましたら、家内がいとも簡単に、

「買ったらわ（買えばいいじゃない）」

と言うのです。私はその言葉を聞いた瞬間、もやもやした気分が晴れ、この先何とかなるのではないかという気になりました。

清算活動をしつつ、各人就職活動も始め、一人二人と新しい就職先が決まっていきました。特に大手銀行が投信販売を始めたところでしたので、店頭のカウンターレディはあっと

いう間に銀行やメリルリンチ日本証券に売れていきました。残った者は、事務の女性と私を含め、年配の男性三人と証券貯蓄のおばさんたちでした。残った者の就職先をどうしようかと思っていたところ、ユニバーサル証券（現・三菱ＵＦＪモルガン・スタンレー証券）から店を買いたいとの話が舞い込んできました。

証券会社の顔であるカウンターレディがすべて売れてしまっていましたので、彼女たちの代役を探すのに苦労しましたが、何とか二八名で店を立ち上げることができました。

私自身は、メリルリンチ日本証券から声をかけていただき、また大手銀行からもお誘いを受けていましたので、どうしようかずいぶん迷いました。子供たちは、聞こえのいい外資系証券会社にしたら、と言いましたが、残された者が働く場所が見つかり、いままでと同じ業務に携わることができるのですから、新しい支店の立ち上げに決めて良かったと思います。また、倒産という同じ境遇の仲間が集まって立ち上げましたので仲が良く、意欲のある、素晴らしい支店ができました〉

妻の両親に結婚を後悔させまい

浅倉宏（吉祥寺支店営業二課課長代理→セントラル短資）

日曜日の昼と夜が入れ替わるころになると、決まって胃が痛んできた。夕方に放送されるアニメ『サザエさん』が始まると、ぼんやりした憂鬱がはっきりと姿を現してきて、明日からの激しい仕事を思わせた。

浅倉宏たちはそれを『サザエさん症候群』と呼んでいた。山一證券で膨大なノルマを抱えていた。上司から詰められ、強烈な叱責を受ける。

土曜日の朝はほっとできる。だが、日曜日に『サザエさん』が巡ってくると、胃痛を覚え、髪の毛が抜けた。自殺した上司がいる。事故を起こし、懲戒免職になった人もいる。ノルマと競争の証券界で一〇年間、生きていた。

破綻のとき、浅倉は三二歳だった。その後、メリルリンチ日本証券を経て、大手銀行に転職した。すると、仕事がこんなに楽なのか、と思えた。証券会社時代と客層が違い、銀行員の名刺と肩書を使って販売をすることができた。顧客の資産もおおよそわかっている。仕事にストレスを感じなくなり、胃痛は治り、毛も生えてきた。

あるとき、銀行の生え抜き行員が怒鳴られ、震えているのを見た。叱責への耐性がなかったのだろう。浅倉は怒鳴られる毎日を経験している。パワハラも受けた。会社も破綻した。そうした経験を経て、耐性ができれば怖いものなしだと思った。山一破綻後、唯一よかったと思えることである。

会社の倒産はとても痛い経験だが、後輩たちにはこう声をかけたいと思う。

「その経験値こそが人間として社会人として自分を成長させます。下を向かずに、その経験を楽しめる胆力を身につけましょう」

転職先で実績をあげたが、やっかみも受けた。大手銀行にいたころ、深夜二時に「支店が火事なので至急集合してほしい」といたずら電話をかけられた。生え抜きの行員が妬《ねた》みを感じたのだろう。その後も転職をし、現在の勤務先での勤続年数は今年で一一年になった。山一で勤めた一〇年をいつの間にか超えている。

破綻から二〇年経ち、浅倉は五二歳になった。山一にいたときは、愛社精神などなかった。だが、破綻の苦さを振り返るいまになって初めて、山一やその仲間たちを大事に思うようになっている。破綻後、浅倉が心に秘めていたことがある。

妻の両親に結婚を後悔させまい――そう思って頑張ってきた。家を購入する際、ローンを断られたことがある。そんな悔しい思いを超えたマイホームは、二〇一三年に建てた。

「家族インフラ」

堀嘉文《よしぶみ》（取締役西首都圏本部長・社内調査委員会→ジャパン・エクイティ）

堀嘉文は社内調査委員会に加わった取締役の一人である。山一を破綻へ導いた幹部たちを関西弁で厳しく責め立てた。

「俺は旧経営陣を絶対に許さへんよ」

ぎょろりとした目をひん剝き、太い眉を吊り上げて追及する姿は、債務隠しに手を染めた社員たちに恐れられた。「しんがり」の急先鋒というところだ。

彼は調査委員会でヒアリングに携わったり、支店の清算業務の督励をしたりした後、一九九八年四月から大東証券（現・みずほ証券）大阪支店長に就き、ヘッドハントされて、メリルリンチ日本証券京都支店長に転じる。そのメリルが日本から撤退すると、スターフューチャーズ証券→日本ファースト証券→関西アーバン銀行→日興コーディアル証券→ジャパン・エクイティと転々とし、計七回の再就職を経験する。

私は経営破綻時に彼と知り合い、二〇年間付き合ってきたが、萎《しお》れた様子を見せたことは一度もない。会えば笑顔を作ってみせて「自分に正直に暮らすことが生きる秘訣や」と言い、「そこを辞めるならうちに来てくれ、という会社がいつもあって、一日も途切れることなくサラリーマンやった」と胸を張った。

いつも元気でいられるのは、「家族インフラ」のおかげだ。妻の禮子《れいこ》と医者になった二人の息子に支えられている。一人になって考えたとき、残りの人生は会社に使われるのではなく、その家族を中心に自立して生きていこうと決めたのだという。

「山一證券が存続しておれば、少なくとも幸せだと言える人は多くいましたわ。私自身もそうであったかもしれませんし、しかるに、経営者は重大な責任を負うとるわけですよ。再就職先で私を役員に昇格させるという話もありましたが、決定権のない役員など意味はありまへん。自分自身で決定できる生き方を選びました。最後は誰も助けてくれまへんわ。若い人には、自立して生き抜け、と言いたいですな」

これが七三歳の結論である。

もう何言うてもあかんわ

堀禮子《れいこ》（東大阪支店）

堀嘉文は山一時代に「努力し、出世し、所得を上げる。それが家族のためになる」と考えるモーレツ証券マンの一人だった。そんな男を妻はどう支えたのだろうか。妻の禮子には二〇一五年八月にインタビューしていた。息子二人を京都大学医学部に入れ、医者に育て上げた堂々たる人生を、そのときの語り口のまま、再構成した。

私は下町の貧乏人に育ったから、この先どうなるかなと思ったりもしましたよ。七人きょうだいの三女で、父はクリーニング屋のアイロン・ボイラーの製造販売。私が生まれたんは東大阪です。

結婚したてのころからそうですけど、夫はお給料を半分持って帰って来るかどうか。麻雀を覚えたけど、負けて、お給料で決済でしょ。「ちょっと減ってんで」と渡されて見たら、ちょっとどころじゃありませんよね。一年間私ずっと我慢してたんです。それで一二月の晦日に「お願いしますから、生活でけへんから麻雀をやめてもらえますか」。「おう、わかった」とやめてくれたんはいいけど、一週間後にやりました。でもそれからはそんなに負けなくなりましたね。

破綻後の生活はどうしてたんやろね。遠い昔であんまり思い出されへんね。夫は山一で重役になったけど、半年で、長屋のおばちゃんに逆戻りや。ほんまにそうなんですよ。

私もいまでこそ洋服は買ってもらってますけど、（そのころは）もう着たきりスズメみたいな。私の母に「子供にはかわいい服着せてるのに、あんたはなんでそんないつも同じ古ぼけた服着てるの」とよう言われてました。最近はちょっとおいしいもの食べさせてもらって、ええお洋服着せてもらって、ちょっとぜいたくやなと思ってます。

破綻のときの不安は、やっぱり生活のこと。夫は東京、私たちは京都と離れてますし、それに、医大生だった次男の学費を一期だけ払えなくて、研修医をしていた長男に「あんた、払ってくれへん」と頼みました。

再就職する途中でも、お父さんの性格やけど、わかってくれる人はすごいわかってくれるけど、気性も激しいから。それでぐーっと考え込むから。

夫の偉いと思ったところは、自分が出張に行くとき必ず巻紙と筆で書く。私には行く場所と泊まるところ、子供には〈男やねんから、お母さんの面倒ぐらいみれるやろ。お父さんいないからちゃんとしたってくれ〉とかね。筆ペンで書くこともあるけど、必ず私と子供に二通置いてある。

夫が「男の子だから厳しく。これから先何があるかわからへんから」と言うので、しつけは厳しくしました。木刀持って追いかけたこともあります。転勤族やから、いじめにあわないように、ということもあって。

もうほんとに仕事の虫やから。この人から仕事取ったら何にもないみたいな感じの人やから、とりあえず好きにして、もう何言うてもあかんわ。

いまでも、欲しいもん先買って来て、「その分仕事してこう」って。どうせ買ってくると思うから「好きにしたら」と言いますやん。破綻前から変わりません。

だって、若く貧乏なころから、私がやっと五〇万円貯めて、それを黙ってたらよかったのに言ってしまった。そうしたら、「株買いたいからそれくれ」って。私も渡せへんかったらよかったのに、「ほんだら、はい」って渡した。一ヵ月ぐらいしてふと気付いて、

「あのお金、なけなしのお金やけど、どうした」

「もうないわ」

私、スーツ買ってもらってたんです、そのとき。あほやから「わ、スーツ買ってもろた」ってすごい喜んでて、一ヵ月経って、

「ああ、もうない。お前も共犯や」

「へぇ!?」

「お前、服買うてもろたやろ」。そういうのがずっと。

「お父さん、あれ、なけなしのお金やで」

「ないもんは、ない」で終わりです。

お金に執着はないと言えばないけど、あると言えばありますよ。役員になっても、お給料っていくらかなって感じでしょ、あの当時。役員になってすぐ（山一の業績不振で）減俸やった。ならんでもええのに、役員になったもんなあ。

WOWOWの「しんがり」のドラマで「お金がない」と私が電話するシーン、本当やからね、それ。お金の亡者みたい。長男もわかってるみたいで、「おかん、老後は心配せんでも僕なんとかするからね」とは言ってくれたんですけどね。一度たりともお小遣いはくれません、あはは。

長男が高二のころ、文系か理系か決めなきゃいけないでしょ、私に相談を持ちかけたけど知らんから言ったんですよ。

「お母さんはね、大蔵官僚になって、お父さんの会社に行って、お父さんに偉そうに言うて

もらうのが夢や」

そうしたら、長男が真剣に悩むんですよ、どっち行こうって。いらんこと言うたって思って。

「それはお母さんの夢やから、勉強するのはあんたやから、あんたの行きたいとこ行って」

次男も医学部五年生ぐらいのときに、「僕、ゴールドマン・サックスとか外資系に行って、トレーダーかディーラーになる」と夫に言ったことがあるみたいで、

「なれへんやろ。お前な、あれは数学とか金融工学をやらんとできへんぞ、あんなもん。三〇歳までやで」

「うん、わかってる」

「そんなやって、三〇歳になるまで一〇〇億円、二〇〇億円稼ぐとかせんと体もてへんぞ」

「うん、それもわかってる」

結局、医者の世界に入ったのでいつの間にかそれは終わったけど、いまだにそういう経済が好きで、「お父さん、あれどうや、これどうや」って言う。

『しんがり』がドラマ化されて、孫が言ったらしいです。「パパは頭いいし、じいじさんもそんなんですごいし、僕はすごいプレッシャーや」と。

索引

第一章

1 きばりやんせ　菊野晋次《しんじ》（清算業務センター長→勧角証券顧問）

2 どこでもよか。東南アジアでもアメリカでも出て行くけん　岩下桂子（鹿児島支店総務課店内課長→リーディング証券監査部）

3 支店長になるまで、山一以外の社章は着けない　松平歩（倉敷支店営業一課主任→証券会社支店長）

4 まだまだいくらでも後がある　小野祐子（証券貯蓄部主任→資産運用会社シニアアドバイザー）

5 死ぬ気でやれば何でもできる　馬場祐次郎（企業年金部付部長→地銀→ピクテ投信投資顧問）

6 なんとかなるよ、私も働くから　馬場和子（福岡支店）

7 私は幸運です。流浪者でもありません　松波美佐子（投資信託部管理課長代理→日本長期信用銀行→メリルリンチ日本証券）

8 何とかならい！　高橋秀雄（取締役金融法人本部長→ウィルビー代表取締役）

第二章

9 ゴマすり人間にだけはなるな　冨来《とみく》健一（出向先の樹脂メーカー経営企画室長→造園業）

10 帰るところはなくなった　鶴川里香（金融法人本部法人事務部→脚本家）

11 **「人の行く裏に道あり花の山」** 松浦慎治（長岡支店→塗装業兼代書屋）

12 **お客さんは命の恩人** 東原悦美（高松支店証券貯蓄課→野村證券→カラオケ喫茶ママ）

13 **死ぬときに理想としている自分でいたい** 髙野将人《まさと》（山一證券投資信託委託企業調査部→魚ＢＡＲ「一歩《いっぽ》」経営）

14 **どんな仕事でもやると覚悟すれば、自ずと道は開ける** 前田稔（山一證券投資信託委託・投信運用本部第三運用部長→自営ディーラー）

15 **人や会社に頼ってはダメだ** 齋藤賢治（日本フィッツ・システム統括部主任→ど・みそ代表取締役）

16 **人生は深く考えても仕方ない** 三浦律子（財形制度部財形事務→沖縄移住）

第三章

17 **やっとすべての仕事を終えた** 嘉本《かもと》隆正（社内調査委員会委員長→前田証券顧問）

18 **黄昏《たそがれ》てなんかいられないんだ** 郡司由紀子（社内調査委員会事務局→勧角証券検査役）

19 **結果自然成《けっかじねんになる》** 白岩弘子（営業企画部付店内課長→社内調査委員会事務局・清算業務センター）

20 **艱難《かんなん》が忍耐を生み出し、忍耐が練られた品性を生み出し、練られた品性が希望を生み出す** 竹内透（検査課次長→証券会社）

21 **お天道様に堂々と顔向けできる仕事をしよう** 横山淳《じゅん》（検査課課長代理→テンポスフィナンシャルトラスト部長）

22 **転々としてもいいじゃない。別に一生一つの職場じゃなくても** 横山芳子（東大阪支店総務課→歯科助手）

23 **「死にゃあしないから」** 虫明《むしあき》一郎（業務管理部企画課付課長→証券会社リスク管理担当管理職）

24 **切り抜ければ光がある** 印出《いんで》正二（業務管理部企画課長→信託銀行関連会社）

25 **「あなたの人生だから、あなたの思い通りやれば」** 長澤正夫（業務管理部長→ジーク証券取締役）

26 **他人様《ひと》にご迷惑はかけない** 長澤理恵子（新宿支店）

第四章

27 「仲間じゃないか」 飯田善輝（代表取締役常務→前田証券社長）
28 人を裏切らない 西田直基（従業員組合書記長→ソニー生命保険部長）
29 まだ慎みたい 濱田直之（従業員組合委員長→投資信託会社役員）
30 土壇場では逃げなかった 正富芳信（事業法人部→情報通信会社）
31 あの涙で救われたという人もいます 野澤正平（社長→日産センチュリー証券社長）
32 金は貯まらなかったが人は貯まった 仁張《にんばり》暢《のぶ》男《お》（営業本部担当常務→アリコジャパンマネージャー）
33 納得のいく失敗をしよう 永井清一《きよかず》（総務部長→フリービット常勤監査役）

第五章

34 「人生は別れてからが大切です」 山本真輔（大津支店投資相談課長→京セラ）
35 元山一ウーマンという心の灯は消えない 山本裕子（大阪店総務部）
36 「何かあったらいつでも帰っておいでや」 青柳浩（神戸支店→ＳＭＢＣ日興証券フィナンシャルアドバイザー）
37 捨てる神あれば拾う神あり 吉武隆夫（国際営業部長→シーズンズ・インベストメント会長）
38 攻め続ける限り、終わることはない 松橋隆広（豊橋支店課長→人材紹介会社社長）
39 「一緒にやらないか」 須賀川敏哉（福山支店課長代理→人材紹介会社取締役営業部長）
40 逆境は全ての生物の進歩と発想の原点である 曲《まがり》田《た》宗広（浜松支店長→ベンチャー企業）
41 人脈は金脈 斉藤紀彦（市場部→歩合外務員→ザイナスパートナー代表）
42 一緒に連れて行きたかった 橋詰武敏（常務→自動車部品商社役員）

第六章

43 心の清涼感こそが力の源泉だ　青柳與曾基《よそき》（副社長→中央証券社長）
44 粗にして野なれど卑にあらず　青柳節子（人事部）
45 「山一　８６０２」の看板を背負っていた　金子京子（千葉支店総務課主任→ちばぎん証券）
46 すがって生きるという考え方を捨てた　稲田洋一（事業法人第一部課長→レコフ社長）
47 お前はなぜチャレンジしないんだ！　吉田允昭《まさあき》（取締役企業開発部長→レコフ創業者）

第七章

48 最後にまだ何かあるんじゃないか　島田進（仮名）（債券本部課長代理→ＳＥＳＣ検査官）
49 「頑張れよ」　小野孝弘（新橋支店営業主任→役者）
50 The best is yet to be（最上のものは、なお後に来たる）　天明《てんみょう》留理子（秘書室→女優）
51 「泣きの一回」は使ってしまった　田中浩治（自由が丘支店→ＷＯＷＯＷ・ＩＲ経理部リーダー）
52 会社を元に戻して売ってください　菊池裕子（清算業務センター→富士銀行→区役所）

第八章

53 口に入れるものは自分で稼ぐ　三木るり子（吉祥寺支店ミディ課→大手都銀）
54 「山一なんだから頑張りなさい」　竹之内久美子（奈良支店投資相談課課長代理→アーティス）
55 三方一両損　谷川正（資本市場第二部課長代理→日本ハム総務部）
56 最後まで見届けることができなくてごめんなさい　前田友子（清算業務センター→日興ビジネスシステムズ）

57 〝タコ〟と山一證券株式會社　植原健（清算業務センター→マンション管理組合副理事長）
58 ルール通りにやるんだ　岡本昇（清算業務センター→証券会社）
59 これ以上のどん底はない　森田定雄（清算業務センター→オリックス生命）
60 明日に備えていま頑張ろう　伊藤清三（清算業務センター→民間企業）
61 神様も捨てたものじゃない　石丸雅興（清算業務センター→りそな銀行）

第九章

62 モトヤマはいりませんか　京岡孝子（荻窪支店課長代理→人材派遣会社管理部長）
63 最後まで負けてはいなかったです　永野修身《おさみ》（千葉支店副支店長→人材派遣会社社長）
64 収入があれば、人生最大の決断に踏み出せる　佐野淳子（荻窪支店→人材派遣会社課長代理）
65 お先真っ暗に感じたときこそ頑張れる　藤田あゆみ（仮名）（新宿新都心支店→大手銀行フィナンシャルコンサルタント）

第一〇章

66 打たれても打たれても杭を伸ばすんだ　陳惠珍（債券トレーディング部部長→フランシス・インター経営）
67 人の役に立ちたい　樋口千晶（麹町支店長→就職支援アドバイザー）
68 甘えなかったぞ　石沢淑子（新潟支店総務課長→ガイドヘルパー）

第一一章

69 正しくても、認められないときがある。

けれども、実力がなかったらやっぱり問題外だ　高田《たかた》佳子《よしこ》（国際金融部→医師）
70 リベンジのチャンスだ　谷本有香（営業企画部→キャスター）
71 自分は運のいい人間だと言い聞かせてきた　三浦真由美（国際企画部→コンサルティング会社）
72 人間はその場に合わせて咲く能力がある　藤沢陽子（吉祥寺支店カウンターレディ→出版社編集者）
73 母と暖簾を支えたい　上田美幸（投資信託部→日本料理屋役員）
74 「電力マンは嵐の中でも、電線が切れたら命をかけて直しに行く」　梶原洋海《ひろみ》（経理部部長→タカラベルモント顧問）
75 死にものぐるいで会社を救おうとした社員もいた　梶原浩身（証券管理部代理事務課）

第一二章

76 〽闘う君の歌を、闘わないやつらが笑うだろう　糟谷真理子（営業企画部営業企画課主任→アイ・パートナーズフィナンシャル取締役）
77 会社のために生きてはいけない　荻野憲一（仙台支店主任→アイ・パートナーズフィナンシャル）
78 何もしないのもリスクではないか　小林智《さとし》（渋谷支店主任→プライベートバンカー）
79 会社を存続させる　新納《にいの》健正《たけまさ》（甲府支店営業課→会社経営）
80 情を重んじる　西村明彦（札幌支店→不動産戦略研究所代表取締役）
81 とにかく諦めない　岩佐直樹（シンジケート部シンジケート課課長代理→外資系証券会社）

第一三章

82 思い出が支えてくれた　福原恒夫（清算業務センター）
83 なにごとも精一杯楽しむ　野口美穂（人事二課→社会保険労務士法人）

84　**山一證券を復活して**　安田典子（証券貯蓄部課長代理→清算業務センター）
85　**「こういうときのための結婚なのかもね」**　石橋幹子（恵比寿支店投資相談課カウンターレディ→消費生活コンサルタント）
86　**「もうそんなことは忘れなさい」**　大久保隆生（清算業務センター）
87　**ここにもモトヤマがいた！**　金澤利行（清算業務センター→投信アドバイザー）
88　**やじろべえの人生だ**　穂積勲（清算業務センター→武蔵野銀行）

第一四章

89　**何ともないことが幸せだ**　森山英樹（清算業務センター→闘病）
90　**頭を上げて続けていれば、それが力になる**　岩永慶子（高槻支店投資相談課主任→フィナンシャルプランナー）
91　**株はやめられない**　宮澤董（清算業務センター）
92　**「社員は悪くありません」**　飯田琢也（いわき支店投資相談課→都銀）
93　**逃げるな、頼るな、焦るな**　長嶋栄次（山一證券投資信託委託常務取締役→外資系投資顧問会社）

第一五章

94　**借金に負けてたまるか**　鈴木正（横浜支店長→アリコジャパンエグゼクティブマネージャー）
95　**だめだったら、この家を売ればいい**　鈴木説子（北九州支店カウンターレディ）
96　**頑張れば勝てるよ、なあ**　星野鐐《りょう》（渋谷支店長→アリコジャパンシニアマネージャー）
97　**いくら悔いても戻るものではない**　野村光宏（清算業務センター）
98　**「なにすったあ、かぁ、元気ぃ？」**

99 「おれは元気だな。おめえはなぁ、どだ?」　佐々木成一郎（五反田支店総務課課長代理→証券会社）
100 「買ったらわ」　大田英雄（千里中央支店長→ユニバーサル証券）
101 妻の両親に結婚を後悔させせまい　浅倉宏（吉祥寺支店営業二課課長代理→セントラル短資）
102 「家族インフラ」　堀嘉文《よしぶみ》（取締役西首都圏本部長・社内調査委員会→ジャパン・エクイティ）
もう何言うてもあかんわ　堀禮子《れいこ》（東大阪支店）

あとがき

一年ほど前に、山一證券の清算業務センター長だった菊野晋次氏から、一一冊の大学ノートが送られてきた。それは手書きの業務記録で、自主廃業の一ヵ月前にあたる一九九七年一〇月二八日から、清算作業を経て、再就職へと至る二〇〇一年三月二五日まで、三年半の日々が記されていた。

彼に電話を入れると、

「私も歳なので、あんたが預かってくれないか」

いつも飄々《ひょうひょう》とした彼の声が、珍しく神妙に聞こえた。ノートを記した三年半は、七八年の彼の人生で最も苦しかったと思われる時期である。彼は糸球体腎炎《しきゅうたいじんえん》で四〇日の闘病生活を過ごした直後、経営破綻に遭遇し、大混乱の後始末に駆り出された。そのころの思いがにじむ、捨てきれないノートなのだと私は悟った。

一一冊のうち最初の二冊に、混乱時の社員の行動と、彼の深い憂慮が透けて見える。〈最大の危機は、危機を危機として認識しないことである〉というメモ書きがあり、会議録の中に、〈(会社が)統制のとれない組織となる可能性がある。社員の人間的価値観に理解を求める以外にない〉と書かれていた。

続く七冊の表紙には、〈清算業務センター事案記録メモ〉とある。業務監理本部の面々が山一の清算作業を買って出、彼らと「清算社員」と呼ばれる元社員たちが顧客に預かり資産を返し続けた、虚しい奮闘の記録である。残る二冊は、ほぼ清算作業をやり終え、山一の仲間を引き連れて勧角ビジネスサービスへ再就職した様子が描かれている。

「ノートはね、返してくれなくてもいいよ」

そう言われて、荷を背負ったような気がした。二〇年前、私は新聞社の社会部デスクとして山一破綻に出くわし、かなりの量の記事と、『しんがり　山一證券　最後の12人』など二冊の本を執筆した。だが、自分ではわかっていたのだ。書き漏らしたことの多いことを。約二〇〇〇人の「清算社員」の苦しみ、全体の四割を占めた女性社員や妻たちの物語、そして社員たちの再起の行方――。

山一證券の破綻は、「日本株式会社」の終焉、つまり日本の終身雇用と年功序列の時代が終わったことを告げる悲劇である。そこから再出発せざるを得なかった人々のドラマは容易に描ききれない。

元山一社員に会うと、しばしばサラリーマンの拠り所と生き甲斐の話になる。経営破綻とそれに続く二〇年間は自分にとって何だったのか、と問いかけてくる人もいる。

そうした声にも押され、土壇場のサラリーマンの言葉を求めて、もう一度、山一の元社員と家族を訪ね歩いた。二〇一五年以降、「ＡＥＲＡ」や「週刊現代」などに掲載した記事を集め、過去に二度、私が元社員を対象に実施したアンケートや取材メモを読み直して、改めて面談したり、電話やメールのやり取りをしたり、三度目のアンケートを送付したりした。膨大な作業だったため、講談社企画部の鈴木崇之氏（現・週刊現代編集長）に取材事務局を引き受けてもらい、週刊現代の佐伯静一記者の助力を得た。

そうして集めた声のうち、山一グループ社員の一％にあたる一〇二人（約四割は女性）の言葉とその後の人生をここに掲載した。証券取引等監視委員会の検査官ら二人を除く一〇〇人は実名である。内訳は、清算業務センターで汗を流した者が二〇人、社内調査委員会に関与したメンバーが八人、役員が九人（社内調査委メンバーと重複）、支店や本社で何らかの形で清算業務に携わった者などが約五〇人、その妻（いずれも元社員）八人、関連会社や破綻時出向者など四人。破綻前に転職したり起業したりした八人も含まれている。

こうして一〇二人の言葉と物語をつなぎ合わせてみると、ごく普通の社員たちの間から聞こえてくるのは、とにかく自分がやるべきことはやった、という小さな声である。お天道さまが見ている、あるいは、会社人間になるなと語る人が意外に多く、それを見守る家族や仲間がいることにも救われるものを感じた。

本文では敬称を省略している。モトヤマの人々にとって、会社破綻と失職は極めて辛い記憶である。様々な事情がありながら、自分の中の挫折の記憶を掘り起こし、言葉にしていただいた方々に、ここで改めて感謝を申し上げたい。

二〇一七年九月　清武英利

【著者略歴】

清武英利（きよたけ・ひでとし）

1950年宮崎県生まれ。立命館大学経済学部卒業後、75年に読売新聞社入社。青森支局を振り出しに、社会部記者として、警視庁、国税庁などを担当。中部本社（現中部支社）社会部長、東京本社編集委員、運動部長を経て、2004年８月より読売巨人軍球団代表兼編成本部長。11年11月、専務取締役球団代表兼GM・編成本部長・オーナー代行を解任され、係争に。現在はノンフィクション作家として活動。著書『しんがり　山一證券　最後の12人』（講談社＋α文庫）で2014年度講談社ノンフィクション賞受賞。主な著書に『石つぶて　警視庁　二課刑事の残したもの』『プライベートバンカー　カネ守りと新富裕層』（以上、講談社）、『奪われざるもの　SONY「リストラ部屋」で見た夢』（講談社＋α文庫）、『特攻を見送った男の契り』（WAC BUNKO）など。

空《そら》あかり　山一證券《やまいちしょうけん》〝しんがり〟百人《ひゃくにん》の言葉《ことば》

2017年11月７日　第１刷発行
2017年12月５日　第２刷発行

著者……………………清武英利《きよたけひでとし》

発行者…………………鈴木 哲
発行所…………………株式会社講談社
東京都文京区音羽2丁目12－21［郵便番号］112－8001
電話［編集］03－5395－3522
［販売］03－5395－4415
［業務］03－5395－3615

印刷所…………………慶昌堂印刷株式会社
製本所…………………株式会社国宝社
図版作製………………アトリエ・プラン

ISBN978-4-06-220861-1　　N.D.C. 338 334p 19cm